Glória Polo

O Livro da Vida!
DA ILUSÃO À VERDADE

GRÁFICA E EDITORA AMÉRICA LTDA.
GOIÂNIA
2009

mi testimonio
Gloria Polo:
Estuvo en las puertas

Su experiencia es indescriptible. Su recorrido por el más allá lo deja a uno en una permanente reflexión. Ella vivió lo que mente humana no alcanza a comprender.

Hoy pienso que a los demás sólo los debe acompañar la fe, y por ello su camino es más difícil. Yo en cambio, lo viví y no me queda ninguna duda.

Todo ocurrió el 5 de mayo de 1995. Gloria tenía 36 años. Ella, junto con su sobrino de 23 años, adelantaba un postgrado en odontología. Ese día fatídico ellos debían recoger unos libros en la *Universidad Nacional*. Gloria le pidió a Luis Fernando, su esposo, que la acompañara. De repente comenzó a llover torrencialmente. "Mi esposo se refugió detrás de una pared. Mi sobrino y yo, huyéndole a la lluvia, nos acercamos a los árboles, y cuando tratamos de saltar sobre un charco, nos alcanzó un rayo".

En ese momento comienza Gloria a vivir realmente lo que llama una experiencia del otro mundo. "Cae el rayo y ni siquiera me entero de lo ocurrido. No oigo nada, no siento nada. Podría decir que fue una muerte preciosa, pero lo que pasó después es indescriptible.

Abandono mi cuerpo y me voy como una pluma por un túnel hacia un sol que emite una luz bellísima, difícil de comparar con ninguna terrenal. La sensación

del cielo y del infierno

es de un inmenso amor. Es un verdadero éxtasis. Creo que estando encarnado nunca se llega a experimentar algo similar.

Hoy deduzco que el cuerpo es la cárcel del espíritu, porque cuando te liberas de él, no tienes límites. Todo lo puedes ver, escuchar. No necesitas nada. No sufres. No sientes dolor. La plenitud es total. Tanto así, que yo veo abajo mi cuerpo calcinado, echando humo y no me angustio.

Continúo ascendiendo y en el trayecto me encuentro con mi sobrino que también se dirige hacia el mismo sol que yo contemplo, cuyo color no he podido identificar (vivo buscando siempre algo con qué comparario y no lo encuentro). Al final del túnel se hallan dos árboles delimitando una entrada, a través de la cual logró divisar un hermosísimo lago y un jardín con flores de todos los colores y aromas exquisitas. Todo emana amor. Mi sobrino pasa este umbral. Yo no puedo hacerlo. A mí se me considera la posibilidad de regresar.

No quiere regresar

En ese instante veo a mi esposo gritándome con angustia: 'Gloria no te vayas, regresa'. Confieso que no quería regresar. No quería abandonar ese paraíso. Empiezo a buscar mi cuerpo y lo encuentro en la enfermería de la *Universidad Nacional*. Veo a los médicos angustiados tratando de revivirme, pues no tengo signos vitales.

Cuando llego al cuerpo y coloco los pies de mi alma (el alma también tiene su anatomía) sobre la cabeza del cuerpo físico, siento que una chupa me hala con violencia. El dolor es espantoso. Es como si yo, con esta estatura y este peso, me metiera en una camisita de bebé, pero de alambre.

Una vez entro a mi cuerpo, los médicos comienzan a gritar: 'Vuelve en sí, vuelve en sí'. Ellos están felices, pero mi sufrimiento es intenso. Mi carne arde. El rayo dejó mi cuerpo calcinado. Las piernas me quedaron totalmente negras, y el torso y los brazos en carne viva. El problema de las piernas se complica y se considera la posibilidad de una amputación.

Sale de nuevo

Cuando me anestesian para intervenirme, yo vuelvo a salir del cuerpo. Esta vez no lo hago del todo. Un hilo me une a él. La película que pasa por mis ojos es diferente a la primera. Empiezo a ver que de las paredes salen unos ojos que me miran con odio. Cuando los miro, se me hiela el alma. Ésta me dice que esos ojos son los demonios a los que yo les acepté sus ofertas de pecado, y llegan a cobrar. Trato de esconderme, pero no me sirve de nada.

En una exhalación atravieso las paredes del quirófano, y me voy hacia un vacío por un túnel oscuro. A medida que desciendo me encuentro con panales llenos de gente atribulada. Es un lugar fétido. Llego a una parte plana de arena movediza. Ahí la angustia se apodera de mí. De repente observo que ese piso comienza a moverse como si tuviera vida, y se abre una boca en forma de chupa. Parte de mi cuerpo queda atrapada en la boca de ese hueco, pero algo me detiene.

Un débil rayo de luz cae sobre mí, cual molesta mucho a los seres que se encuentran ahí (adolescentes, ancianos, hombres, mujeres que dan alaridos y re chinan los dientes). Creo que la luz le fastidia tanto, que aparecen unas larvas malolientes que se me pegan y tratan de tapar toda la luz que me ilumina.

Me siento desolada y grito: '¡Qué hago aquí si soy católica! Ahí sí saque a relucir mi identidad religiosa, a pesar de que antes decía: 'Uno se muere y el vaina se acaba'. Como respuesta a mi suplica aparece una tenue luz en la boca del hueco -la luz, por débil que sea, es esas diabólicas tinieblas es el más grande de los regalos-. Allí logro divisar una escalera y en ella a unos personajes muy especiales".

Encuentra a sus padres

En la escalera, Gloria ve a sus padres. "Mi papá está casi a ras del hueco y mi mamá, a unos escalones más arriba. Cuando yo los identifico, les clamo 'Sáquenme de aquí'. Me impresiona oír a papá gemir por la impotencia de no poder hacerlo. Pero una voz celestial calma el infernal ambiente. Luego me hace un examen sobre los Mandamientos o Ley de Dios, del cual no salgo muy bien librada".

Terminado este episodio, a Gloria le entregan un libro precioso, donde está su vida registrada segundo a segundo, como si se tratase de un filme cinematográfico. El libro parte desde la fecundación y llega hasta el instante en qu

Ficha Técnica:

Título:
Da Ilusão à Verdade

Autora: © Glória Polo
www.gloriapolo.com

Prefácio:
Padre Macedo, SCJ

Editor:
Gráfica e Editora América Ltda.

Tradução e Correção:
Maria José Moniz e Padre Macedo, SCJ

Revisão de Provas:
Padre Macedo, SCJ, Gabriela Matos, Helena Neto

Diagramação/Impressão e Acabamento:
Gráfica e Editora América Ltda.

Dados Internacionais de Catalogação na Publicação (CIP)
BIBLIOTECA NACIONAL

Autor, Polo Gloria O Livro da Vida! Da Ilusão à Verdade - Gloria Polo Goiânia : Junho de 2009 112p.
ISBN: 978-85-99218-42-6

Todos os direitos reservados. Nenhuma parte desta obra pode ser reproduzida ou transmitida por qualquer forma e/ou quaisquer meios (eletrônico ou mecânico, incluindo Internet, fotocópia e gravação) ou arquivada em qualquer sistema ou banco de dados sem permissão escrita da Editora, sujeito, portanto, às sanções penais, que serão utilizadas.

 COMUNIDAD CATÓLICA CARISMÁTICA
LOS SAMARITANOS

Caracas, 24 de febrero de 2005

Señora
Gloria Polo
Presente

Después de saludarte y bendecirte en el nombre de Dios, te envío esta carta para invitarte a tí Gloria Polo, Ciudadanía No. 41717573 de Bogotá, a tu hija María José Rico Polo, Ciudadanía No. 97092023056 de Bogotá y a Maritza Artundaga, Ciudadanía No. 52261331 de Bogotá, a un Retiro Espiritual que ofrecerá la Fundación El Buen Samaritano, en el Santuario Divino Niño en El Hipódromo – La Rinconada, Telf. (0212) 682.90.94.

La invitación es desde el viernes 4 hasta el martes 08 de marzo del año en curso.

Por tal motivo te informo que los gastos de viaje y la estadía de ustedes tres serán cubiertos por nosotros.

¡Las esperamos!

Padre Vicente Mancini
Asesor Eclesiástico

Avda. Londres, Qta. Los Samaritanos, California Norte, Caracas, 1070
Telefax: 272.21.93 – 271.50.34– E-Mail: fundninossida@cantv.net
Pág. Web: www.carismatica.org

Diócesis de Ponce
P. O. Box 22205
Ponce, PR 00732-2205
Tel (787) 848-5265

Oficina del Vicario de Pastoral

Prot. No. 022/2005

18 de febrero de 2005

Sr. Herman Ortiz Padilla
Renovación Carismática Católica
Equipo Diocesano
PO Box 728
Mercedita PR 00715-0728

Estimado hermano:

Esta Vicaría le concede permiso a la Dra. Gloria Constanza Polo Ortíz, para participar en las distintas actividades de la Renovación del 10 al 13 de marzo de 2005.

Debe notificar al párroco de cada lugar donde asista el recurso.

Le deseo éxito en la jornada y una fructuosa cuaresma.

Con mi bendición, en Cristo

Mons Juan Rodríguez Orengo
Vicario de Pastoral

JRO/ldm

Lenguazaque - Cundinamarca, Agosto 19/ 2004

Doctora:
GLORIA POLO
Bogotá D.C.

Apreciada Doctora:

Los lazos misericordiosos del Señor Jesús la mantengan atada a su divino corazón.

La Parroquia San Laureano de Lenguazaque, se complace en tenerla a Usted como huésped el próximo 11 de Septiembre, motivo por el cual hacemos oración y rogamos al Señor que bendiga esta dichosa oportunidad y atraiga a todos los que han de ser beneficiados.

Nuestro deseo es suscitar en el auditorio amor y gusto por la Eucaristía, la oración, la reconciliación y el deseo de salvarse.

Desde ahora le agradecemos su visita y testimonio.

Cordialmente:

Luis Francisco Palacios A. Pbro.
Párroco de Lenguazaque Cund.

CONGREGACION DEL ORATORIO DE SAN FELIPE NERI

El suscrito Sacerdote de la Congregación del Oratorio de
San Felipe Neri de Bogotá., D.C.

C E R T I F I C A :

Que conoce personalmente a la Doctora **GLORIA CONSTANZA POLO ORTIZ** identificada con cédula de ciudadanía número 41.717.573 de Bogotá, desde hace varios años y puede decir que es una persona responsable, honesta de buenos principios éticos y morales preocupada siempre por hacer bien a la humanidad.

Se firma en Santa Fe de Bogotá, D.C., a los tres (3) días del mes de Febrero del año dos mil cinco (2005).

P. JOSE VICTORIANO PAZ DELGADO C.O.

Carrera 29A No. 70A-50 - Teléfonos 250 3813 - 250 3565 - Telefax: 311 7902 - A.A. 51251
Santafé de Bogotá, D.C - Colombia

TESTEMUNHO VIVO

... dado por Glória Pólo, odontóloga, numa igreja de Caracas, Venezuela, no dia 5 de Maio de 2005.

Glória Polo

Glória Polo vive atualmente na Colômbia, continua trabalhando na mesma profissão. Ficou com enormes cicatrizes, mas leva uma vida normal. Agora, porém, é uma mulher com muita fé! Viaja muito, transmite o seu testemunho a milhares de pessoas, e cumpre a missão, que Deus lhe recomendou - tem autorização da Igreja para isso.

Este testemunho é uma tradução do CD, com o testemunho dado por ela, numa igreja em Caracas, no dia 5 de Maio de 2005, na Venezuela, e que está traduzido do espanhol. É verídico!

Para algum esclarecimento adicional:
E-mail: totustuusmaria@sapo.pt
Totustuusmaria1@hotmail.com
macedoscj@iol.pt

É muito importante a página na Internet com toda a informação (em Espanhol).
www.soldadoseucaristicos.yahoo.com
www.gloriapolo.com

DA ILUSÃO À VERDADE!

PREFÁCIO

Este testemunho de Glória Polo chegou às minhas mãos por uma pessoa, muito minha amiga, Madeirense, e eu, quando li esta história, senti a necessidade de colocar por escrito esta realidade que já existia em meu saber, mas não quis deixar cair por terra tanta verdade, por isso resolvi pedir à protagonista da história a autorização para colocar por escrito, esta sua experiência.

Este livro que agora vais ler, não tem nada mais, nada menos, do que aquilo que está na Sagrada Escritura. No entanto, e como tantos não conseguem ver a verdade, após a morte, Deus fez alguém experimentar e viver esse além, que a Bíblia diz, e esse alguém chama-se Glória Polo, que ao regressar à terra, tornou-se farol de uma realidade que a todos espera.

Não esperes encontrar soluções para a tua vida, aqui neste livro, porque a solução está em ti. Tu tens o «livre arbítrio», só tu podes escolher aquilo que te trará a felicidade. Por isso, peço-te, não a busques fora de ti. Constrói-a, edifica em ti essa felicidade. Depende disso o teu futuro e o teu bem.

Aqui, neste mundo, não construas castelos no ar, mas faz o bem, pois o presente e o futuro dependem só do amor, que souberes aplicar no mundo e em redor de ti.

Espero que este testemunho de Glória Polo, te possa servir de ajuda à tua procura, que fazes da Verdade.

Este livro não tem finalidade lucrativa, o preço sugerido apenas paga a sua edição. Assim pede a autora deste episódio.

Pois este livro quer mostrar-te apenas uma realidade viva, que tu desconheces, embora possas conhecer em parte, se de certa forma praticares a Palavra da Verdade, chamada: BIBLIA.

Deixo-te apenas para refletir em três coisas que me angustiam:

A primeira é: saber que existe um **Deus Criador**, tão grande e tão bom; e pelo contrário saber que existem tantas criaturas humanas que não O amam e até O desprezam.

A segunda é: saber que ***tanto bem que Ele nos fez e faz e, mesmo assim, O ofendemos, O magoamos e até O negamos,*** sabendo cada um de nós que, para existir é preciso sempre, haver alguém antes de nós.

A terceira coisa é: eu ***querer amá-lO*** tanto quanto Esse Amor merece e não ser capaz de o realizar e concretizar, em cada ato que faço, mesmo à força de tanto lutar para isso alcançar.

Por isso, só me resta, sonhar e chorar, até que Ele me dê esse AMOR audaz, pois sei que foi Ele que me deu esta vontade de O amar.

Pe. Macedo, SCJ

INTRODUÇÃO

Se alguém tem dúvidas, ou pensa que Deus não existe, que o outro mundo é coisa de filmes, ou que a morte põe fim a tudo: faça o favor de ler isto! Mas leia do início ao fim! Com certeza a sua opinião mais céptica mudará! Trata-se de um caso verídico! Glória Polo é uma mulher que «morreu», passou pelo outro lado e voltou precisamente para dar o seu testemunho aos incrédulos. Deus dá-nos muitas provas, mas nós negamos sempre a Sua Existência!

Glória Polo vive atualmente na Colômbia, continua trabalhando na mesma profissão que tinha antes do acontecimento. Ficou com enormes cicatrizes, mas tem uma vida normal; a diferença é que agora é uma mulher com muita fé! Viaja muito, transmitindo o seu testemunho a milhares de pessoas, cumprindo a missão que Deus lhe encomendou - tem autorização da Igreja para isso.

Este testemunho é uma tradução do CD, dado por ela, numa igreja em Caracas, no dia 5 de Maio de 2005, na Venezuela, e que traduzimos do espanhol.

Ele é verdadeiro! NÃO É FICÇÃO!!!

TESTEMUNHO DE GLÓRIA POLO

«Bom dia, irmãos. É maravilhoso para mim estar aqui para partilhar convosco este presente tão lindo que o SENHOR me fez.

O que vos vou contar, aconteceu no dia 5 de Maio de 1995, na Universidade Nacional de Bogotá, por volta das 16h30.

Sou odontóloga, e eu e um sobrinho de 23 anos, que também era dentista, estávamos fazendo a especialização na altura. Nesse dia, que era uma sexta-feira, cerca das 16h30 caminhávamos juntamente com meu marido em direção à Faculdade de Odontologia, para buscar uns livros de que necessitávamos. O meu sobrinho e eu caminhávamos juntos debaixo de um guarda-chuva pequeno. O meu marido tinha um casaco impermeável, e para se proteger melhor, caminhava junto à parede da Biblioteca Geral, enquanto nós íamos

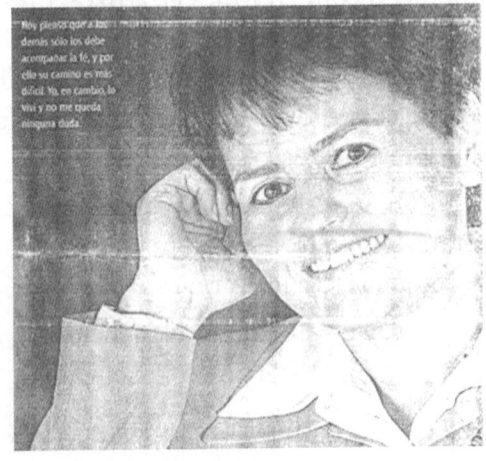

pulando de um lado para o outro para evitar as poças de água, e por isso íamo-nos aproximando das árvores e quando saltamos uma poça maior, fomos atingidos por um raio, que nos deixou carbonizados.

 O meu sobrinho morreu logo. O raio entrou por trás, queimando-o totalmente por dentro e saiu pelo pé, poupando-o exteriormente. Ele era um rapaz, que não obstante a sua curta idade, estava muito entregue ao Senhor, e era muito devoto do Menino Jesus. Trazia sempre uma imagem do Menino Jesus - tipo medalha - num fio ao pescoço. Era um cristal de quartzo com a imagem do Menino Jesus. As autoridades disseram que foi o quartzo que atraiu o raio para o meu sobrinho, porque entrou no coração queimando-o todo por dentro e saiu pelo pé. Ficando o seu exterior intacto, teve de imediato uma parada cardíaca sem dar resposta à tentativa de reanimação feita pelos médicos e acabou por morrer ali.

 Mas, quanto a mim, o raio entrou no meu braço, queimou-me espantosamente todo o corpo por fora e por dentro, praticamente desapareceu a minha carne, os meus seios desapareceram, principalmente o esquerdo, ficou um buraco no seu lugar. Desapareceram as carnes do meu ventre, das pernas, das costelas, carbonizou o meu fígado, queimou gravemente os meus rins, os pulmões, os meus ovários... E saiu pelo pé direito...

 Eu fazia contracepção com o DIU de cobre - o DIU de cobre é um dispositivo intra-uterino em forma de T - e como o cobre é bom condutor elétrico, carbonizou e pulverizou os meus ovários, que ficaram como duas passas de uva. Fiquei em parada cardíaca, praticamente sem vida, e a saltar por causa da eletricidade que ficou naquele local. Este corpo que vocês vêem aqui, este corpo reconstruído, é Misericórdia de Nosso Senhor.

O Outro Mundo

Mas, vejam, esta é a parte física, porque o mais belo é que enquanto o meu corpo ficou ali carbonizado, eu, nesse instante, encontrava-me dentro de um formosíssimo túnel branco de luz, uma luz lindíssima, que me fazia sentir um gozo, uma paz, uma felicidade, que não tenho palavras humanas para vos descrever a grandeza daquele momento. Foi um enorme êxtase. Eu ia avançando feliz, gozosa, nada me pesava dentro desse túnel. Olhei, e no fundo desse túnel, vi uma luz branca, como um sol, uma luz belíssima, eu digo, branca para dizer-lhes alguma cor, mas não se tratava de cores que se pareçam com nenhuma cor da terra. Essa luz era lindíssima.

Eu sentia através dela uma fonte de paz, de amor, de luz...

Quando subi por esse túnel em direção à luz, digo para mim: **"caramba, morri!"**

Nesse instante pensei nos meus filhos e digo: ai, meu Deus, os meus filhinhos! Que vão dizer os meus filhos? Esta mãe tão ocupada, que nunca teve tempo para eles. Eu saía cedo todos os dias, pela manhã, e só regressava às 11h da noite.

Aí vi a realidade da minha vida e senti muita tristeza. Saí de casa decidida a conquistar o mundo, mas ficaram para trás, a minha casa e os meus filhos. Nesse instante, vazio pela ausência dos meus filhos, já sem sentir o meu corpo, nem a dimensão de tempo e de espaço, olhei e vi algo de muito belo, vi todas as pessoas da minha vida num mesmo instante, num mesmo momento, todas as pessoas, os vivos e os mortos. Abracei-me aos meus bisavós, aos meus avós, aos meus pais, que já tinham falecido, a todos! Foi um momento pleno, maravilhoso. Percebi, então, que tinha sido enganada com a história da reencarnação, disseram-me que a minha avó tinha reencarnado em alguém, só não me disseram em quem, e porque saía caro, eu deixei a coisa assim, não aprofundei aonde estava a minha avó reencarnada. Porque, sabem, eu defendia a reencarnação. E agora, ali, eu acabava de abraçar a minha avó e bisavó, abraçamo-nos bem, como a todas as pessoas que eu conhecia, vivos e mortos, e tudo isso num mesmo instante. Só a minha filha, quando a abracei, se assustou, tinha 9 anos, e sentiu o meu abraço, visto eu poder abraçar também os vivos, só que, normalmente não sentimos esse abraço.

Quase não dei pelo passar do tempo naquele momento tão belo. Que lindo, agora já sem o meu corpo, eu não olhava para as pessoas como antes. Porque antes, eu só sabia criticar: se estava gordo, magro, feio, bem vestido, mal vestido, etc., sempre que falava dos outros era com crítica. Agora não; agora via o interior das pessoas, e que bonito era ver o interior das pessoas, ver os seus pensamentos, os seus sentimentos, enquanto os abraçava!

E continuava a avançar plena de paz, feliz, e quanto mais subia, mais sentia que ia desfrutar de uma visão bela, e ao fundo avistei um lago belíssimo... sim! Vejo ao fundo um lago belíssimo, árvores tão lindas, tão lindas, lindíssimas, e flores belíssimas de todas as cores, com um aroma muito agradável, tão diferente, tudo era tão belo naquele jardim lindo, belíssimo, naquele lugar maravilhoso, não existem palavras para descrever, tudo era amor. Havia duas árvores ladeando algo que parecia ser uma entrada. É muito diferente de tudo o que nós conhecemos cá. Nem sequer há cores parecidas aqui, lá é tudo tão belo!... Naquele instante, eis que o meu sobrinho entra naquele formoso jardim.

Eu sabia! Sentia que não devia, nem podia entrar ali...

O primeiro regresso

Nesse instante ouço a voz do meu marido. Ele lamenta e chora com um sentimento profundo, e grita: "Glória!!! Glória! Por favor, não me deixes! Olha os teus meninos, os teus filhos precisam de ti! Glória regressa! Regressa! Não sejas covarde! Regressa!"

Nesse instante, olhei tudo, de uma forma global, e vi-o a chorar com tanta dor... Ai, nesse momento NOSSO SENHOR CONCEDE-ME O REGRESSO. Mas eu não queria voltar! Aquela paz, aquela alegria, com que estava envolvida, fascinavam-me! Mas... pouco a pouco comecei a baixar em direção ao meu corpo, que encontrei sem vida. Vi que o meu corpo estava sem vida, numa maca da Universidade Nacional de Enfermaria. Vi os médicos, dando choques elétricos ao meu coração para me tirarem da parada cardíaca. Antes eu e o meu sobrinho tínhamos permanecido mais de 2 horas deitados no chão, já que não nos podiam levar, porque dávamos choques. Só quando a descarga elétrica cessou é que nos puderam atender. Só então começou a tentativa da minha reanimação.

Olhei, e meti os pés da minha alma - a alma também tem forma humana - a minha cabeça fez uma faísca e com violência, entrei, porque o meu corpo parecia que me sugava para dentro dele. Doeu imenso entrar, porque saíam faíscas por todos os lados e eu sentia-me encaixar dentro de algo muito pequenino - o meu corpo. Era como se o meu corpo com este peso e estatura, entrasse de repente numa roupa de bebê, mas de arame. Era um sofrimento terrível e a dor intensa da minha carne queimada, o meu corpo calcinado, doía tanto, tanto, ardia terrivelmente e saía fumaça e vapor...

Ouvi os médicos, gritarem: voltou a si! Voltou a si! Eles estavam contentíssimos, mas o meu sofrimento era indescritível! As minhas pernas estavam muitíssimo negras, o meu corpo e os meus braços estavam em carne viva! O problema das pernas complica-se quando se considerou a possibilidade de amputá-las!

Mas havia uma outra dor terrível para mim: que era a vaidade de uma mulher mundana, a mulher executiva, intelectual, a estudante, escrava do corpo, da beleza, da moda, 4 horas diárias de aeróbica, escravizada para ter um corpo belo, massagens, dietas, injeções... Bom, de tudo o que possam imaginar. Essa era a minha vida, uma rotina escravizada para ter um corpo belo. Eu costumava dizer: se  tenho uns seios bonitos são para mostrar. Para quê escondê-los? O mesmo dizia das minhas pernas, porque sabia que tinha pernas espetaculares, bons abdominais. Mas num instante, vi com horror, como tinha estado toda uma vida a cuidar do corpo, porque isso era o centro da minha vida: o amor ao meu corpo. E agora já não havia corpo! Nos seios tinha uns buracos impressionantes, sobretudo o seio esquerdo, que tinha praticamente desaparecido. As minhas pernas, eram terríveis, era como vê-las com pedaços vazios, sem carne, como carvão, pretas. Reparem que, as partes do meu corpo, que justamente eram as que eu mais cuidava e estimava, foram as que ficaram completamente queimadas, e as que ficaram praticamente sem carne.

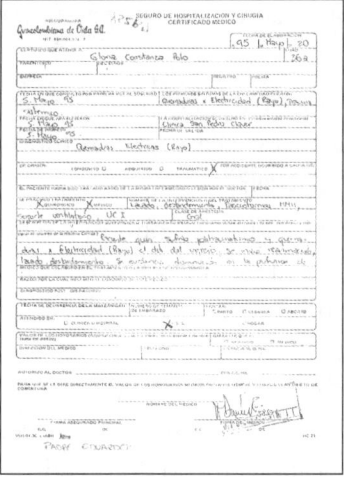 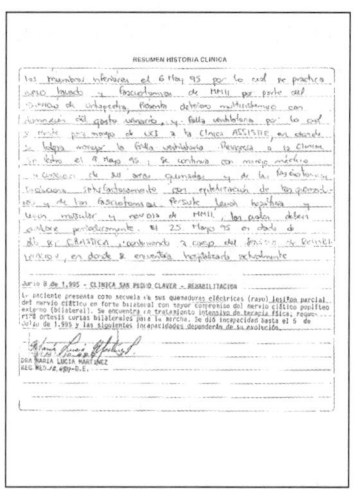

O Hospital...

Posteriormente, levaram-me para o Hospital do Seguro Social. E aí rapidamente me operaram e começaram a raspar todos os meus tecidos queimados. Enquanto estava anestesiada, voltei a sair do corpo, e fiquei a olhar para o que faziam os médicos ao meu corpo, preocupada com as minhas pernas. Quando de repente, neste mesmo momento, terrível e horrível!... Porque digo-lhes uma coisa, irmãos, eu era uma "católica dietética" toda a minha vida o fui, porque a minha relação com Deus resumia-se a uma Missa aos domingos, de 25 minutos. Eu ia à Missa onde o padre falasse menos, porque me cansava! Que angústia eu sentia com aqueles padres, que falavam muito! Esta era a minha relação com DEUS.

Era esta a minha relação com ELE, por isso todas as correntes do mundo me arrastavam, porque me faltou a proteção da oração com fé também na Missa! Um dia, quando eu estava fazendo a especialização, ouvi um padre dizer que não havia inferno e diabos também não!

Foi tudo o que eu quis ouvir! Logo pensei comigo: se não há demônios, e inferno também não! Nesse caso vamos todos para o Céu! Quem é que tem medo agora!?

O que me dá mais tristeza agora, e que vergonhosamente lhes confesso, é que o único elo que ainda me mantinha na Igreja, era o medo ao diabo. Quando me dizem, que não existe inferno, eu disse imediatamente: bom, então vamos para Céu, não importa o que somos ou o que fazemos! Isto determinou o meu afastamento total do SENHOR. Afastei-me da Igreja e comecei a falar mal, com parvoíces... etc. Já não tinha medo do pecado, e comecei a estragar a minha relação com DEUS. Comecei a dizer a todos que os demônios não existem, que são invenções dos padres, que são manipulações da Igreja, enfim... e, comecei a dizer aos meus colegas da Universidade Nacional, que DEUS não existia, que éramos produto da evolução, etc., etc. e, consegui influenciar muita gente!

Mas olhem que, quando me vejo naquela situação, que susto tão terrível! Quando vi que afinal...sim, há demônios, e que me vêm buscar! Eles vêm cobrar-me porque aceitei as suas ofertas de pecado! E que sou o pagamento! Porque os meus pecados tiveram consequências. ... Eu!?...

Naquele instante, comecei a ver saírem da parede, da sala de operações, muitíssimas pessoas, aparentemente comuns e correntes, mas com um olhar de ódio muito grande, um olhar diabólico, espantoso, que estremeceu a minha alma, e eu percebi de imediato, que eram demônios, porque nas minhas carnes havia uma sabedoria especial. Compreendi que a todos eles devia algo, que o pecado não foi gratuito, e que a principal infâmia e mentira do demônio foi dizer que não existia, essa é a sua melhor estratégia para poder trabalhar à vontade conosco. Agora vejo com terror que sim, que existe, e vêm rodear-me, vêm buscar-me! Vocês imaginam o susto!? O terror?!

Esta mente científica e intelectual, não me valia de nada agora. Eu rebolava no chão e rebolava dentro da minha carne para que a minha carne e o meu corpo me recebessem de novo, mas, a minha carne não me recebia, e esse susto era terrível! Acabei por fugir a correr, não sei como, atravessei a parede da sala de operações, eu só queria fugir, aspirava esconder-me entre os corredores do hospital, e quando passei a parede da sala de operações ... zás! Dei um salto no vazio! ... Dirigi-me para dentro de uma quantidade de túneis que iam para baixo, no princípio tinham alguma luz, e eram como um favo de abelha onde havia muitíssima gente, adolescentes, velhos, homens, mulheres que choravam e com uns alaridos arrepiantes rangiam os dentes, e eu cada vez mais aterrada, continuava a descer, tentando sair dali, e a luz ia-se perdendo, e eu a vaguear naqueles túneis, com uma escuridão espantosa, e quando cheguei a essa escuridão, que não tinha comparação; a escuridão mais escura da terra, não se pode nem comparar ao sol do meio-dia. Lá, essa mesma escuridão origina dor, horror, vergonha, e cheira horrivelmente mal. É uma escuridão vivente, está viva, lá nada está morto ou inerte. Eu terminei descendo e correndo por todos esses túneis, e cheguei a uma parte plana. Nessa parte, eu estava desesperada, com vontade de ferro, de sair dali, essa mesma vontade que eu tinha de subir na vida, mas que agora não me servia de nada, porque estava ali. Então vi o chão a abrir-se, como uma grande boca, grandíssima! Estava viva! Era viva! Senti o meu corpo impressionantemente vazio, e debaixo de mim um abismo incrivelmente assustador, horrível, porque o mais espantoso, era que dali para baixo não se sentia nem um pouco do Amor de

DEUS, nem uma gotinha de esperança. Aquele buraco tinha como que algo que me sugava para dentro. Eu gritava como uma louca, terrivelmente assustada, sentindo o horror de não poder parar aquela descida, porque sentia que ia irremediavelmente para dentro dele. Eu sabia que, se entrasse, nem sequer ia ficar lá, mas ia continuar a descer, sem nunca mais poder voltar. Aquilo era a morte para a minha alma. A morte espiritual da alma, eu estaria irremediavelmente perdida para sempre. Mas nesse horror tão grande, quando estou a entrar, São Miguel Arcanjo agarra-me pelos pés... O meu corpo entrou nesse buraco, mas os meus pés estavam presos em cima. Foi um momento horrível e muitíssimo doloroso. Mas quando cheguei ali, a luz que ainda restava no meu espírito, incomodou aqueles demônios, horripilantes, todos os seres imundos que habitam ali, de imediato, atiraram-se sobre mim, aqueles seres horríveis, eram como larvas, como sanguessugas para tapar a luz.

Imaginem, aquele horror ao ver-me coberta com tais criaturas. Eu gritava, gritava como louca! Aquelas coisas queimavam!

Irmãos, são umas trevas vivas, é um ódio que queima, que nos devora, que nos explora!

Não há palavras para descrever aquele horror!

Pedido de ajuda às almas do Purgatório: suicídio

Olhem que eu era atéia, mas ali comecei a gritar: "Almas do Purgatório! Por favor, tirem-me daqui! Por favor, ajudem-me!"

Quando estava gritando, comecei a ouvir como choram milhares e milhares de pessoas!

Vejo de repente, que ali havia milhares e milhares de pessoas, jovens, sobretudo jovens com tanto, tanto sofrimento! Percebo que ali, naquele lugar terrível, naquele pântano de ódio e sofrimento, rangem os dentes, com uns alaridos e umas lamentações que me faziam estremecer e que não esquecerei jamais.

Passaram alguns anos, mas ainda choro e sofro quando me lembro do sofrimento de todas aquelas pessoas. Compreendi, que ali estavam muitas pessoas, porque, num segundo de desespero se tinham suicidado, e estavam naqueles tormentos com aquelas coisas horríveis perto delas, rodeadas de demónios que as atormentavam. Mas o mais horrível desses tormentos, era a ausência de DEUS, porque ali não se sente DEUS. Compreendi que aqueles que num momento de desespero tinham tirado a sua própria vida, teriam de ficar ali, naquele sofrimento até que na terra passem, os anos que eles deviam viver. Porque todas aquelas pessoas que se suicidam, saem da Ordem Divina. Aquelas pobres pessoas, sobretudo jovens; tantos, tantos, chorando, e sofrendo muito. Se soubessem do sofrimento que os esperava nunca tomariam essa decisão, a do suicídio.

Sabem qual é o seu maior tormento, lá?

É ver como os seus pais, ou familiares, que estão vivos, estão chorando e sofrendo com complexos de culpa; se eu o tivesse castigado ou se não o tivesse castigado, ou se lhe tivesse dito, ou talvez não devia ter dito; se eu tivesse feito isto ou aquilo...

Enfim, esses remorsos tão grandes, que são verdadeiros infernos, que aqueles que os amam e ficam cá sentem, é o que mais os fazem sofrer. É o maior tormento deles, e é aí que os demônios se deleitam, mostrando-lhes, essas cenas: olha como a tua mãe chora, olha como sofre, olha o teu pai como sofre, olha como estão desesperados, olha como estão angustiados, como se culpam e discutem acusando-se um ao outro, olha o sofrimento que tu lhes causaste. Olha como estão revoltados contra Deus. Olha a tua família... Isto tudo é por tua culpa.

Estas pobres almas precisam, é que, aqueles que ficaram cá comecem um caminho de conversão, que mudem de vida, que façam obras de caridade, que visitem os doentes...

E que ofereçam missas pelas almas daqueles que morreram. Essas almas se beneficiam enormemente de tudo isso. As almas que estão no Purgatório já não podem fazer nada por si mesmas. Nada! Mas DEUS sim, através da Santa Missa. Nós também devemos ajudá-las dessa forma.

Eu, angustiada, compreendi que aquelas almas não podiam ajudar-me, e nesse sofrimento, nessa angústia, comecei a gritar novamente: mas, quem se enganou?! Olhem que eu sou uma santa! Eu jamais roubei! Eu nunca matei! Eu não fazia mal a ninguém! Eu, que antes de ficar arruinada, trazia os melhores produtos da Suíça, extraia e arranjava dentes e muitas vezes não cobrava, se não podiam pagar! Eu fazia compras e dava aos pobres! Que faço eu aqui?!...

Eu exigia os meus direitos. Eu, que era tão boa, que devia ir direitinha para o céu, que fazia ali!?

Eu ia todos os domingos à Santa Missa, apesar de me considerar atéia, e de não dar atenção ao que o padre dizia, nunca faltava. Se faltei 5 vezes à Santa Missa ao domingo, na minha vida, foi muito! O que é que eu fazia ali? Que faço eu aqui? Tirem-me daqui! Tirem-me daqui!

Continuei a gritar aterrada com aqueles seres horríveis, colados em mim! Eu sou católica! Eu sou católica, por favor tirem-me daqui!

Vi o meu pai e a minha mãe quando o meu corpo estava em coma profundo

Quando eu estava gritando que era católica, vi uma luzinha e, olhem que uma luzinha naquelas trevas, é o máximo, é o maior presente que se pode receber. Vejo uns degraus por cima desse buraco, e vejo o meu pai - que tinha falecido 5 anos atrás - quase na entrada do buraco. Tinha um pouquinho mais de luz, e quatro degraus mais acima, vi a minha mãe, com muitíssima mais luz e numa posição assim, como de oração. Quando eu os vejo, deu-me uma alegria tão grande, tão grande que comecei a gritar: Pai! Mãe! Que alegria! Venham buscar-me! Venham tirar-me daqui! Pai, Mãe, por favor tirem-me daqui! Suplico-vos, tiremme daqui! Tirem-me daqui!

Nesse momento, o meu corpo estava em coma profundo, estava entubada, ligada às máquinas e agonizando, já não me entrava ar nos pulmões, os meus rins não funcionavam, e só permanecia ligada às máquinas porque a minha irmã, que é médica, insistiu com os médicos para que me ligassem, alegando que eles não eram Deus. Porque eles achavam, que não valia a pena, eles falaram com a minha família; disseram que não valia a pena, que era melhor deixar-me morrer tranquila, porque eu estava agonizando. Mas a minha irmã insistiu tanto, que eles...

Sabem a incoerência? Eu defendia a eutanásia, o direito de morrer dignamente!

Os médicos só deixavam entrar nesse lugar onde eu estava, essa minha irmã que é médica, e que ficava permanentemente ao meu lado. Naquele momento em que a minha alma que estava do outro lado viu os meus pais, a minha irmã que estava ao lado do meu corpo em coma, ouviu claramente, quando eu gritei para os meus pais toda contente, que me viessem buscar, que me viessem buscar. Talvez vocês já tenham tido oportunidade de ver uma pessoa inconsciente gritar, ou dizer algumas palavras.

Foi o que aconteceu comigo. Quase matei a minha irmã de susto! Porque, de repente, comecei a gritar de alegria quando os vi, e pedi que me viessem buscar. Então, a minha irmã que ouviu aquilo, assustou-se e gritou: a minha irmã agora sim, morreu! A minha mãe e o meu pai vieram buscá-la, para a levar! Vão-se embora, não a levem! Vão-se embora, por favor mãe, vá-se embora pai, não a levem! Olhem que ela tem filhos, pequeninos! Não a levem! Não a levem!

Os médicos tiveram que tirá-la de lá, pensando que a minha pobre irmã estava alucinando, que estava em estado de choque. Até porque, não era para menos, porque imaginem o que ela tinha passado: a morte do meu sobrinho, ir buscar o cadáver na funerária, a irmã que morre, não morre, que está viva, mas de hoje não passa, diziam-lhe os médicos. Ela andava há 3 dias naquela angústia, e ainda por cima sem dormir. Não era de se admirar que pensassem que estava maluca e estivesse alucinando.

Agora, quanto a mim, imaginem que alegria tão grande, quando vejo os meus pais! Naquele lugar, naquela situação tão horrível em que me encontravam e de repente, vejo os meus pais!

Quando os meus pais olharam e me viram ali, vocês não imaginam que dor tão grande, seus rostos revelaram! Porque nós lá sentimos, e vimos os sentimentos dos outros, eu vi aquela dor que eles sentiram, aquele sofrimento tão grande. O meu pai começou a chorar tanto, tanto, e gritou: minha filha! Oh! Não! Meu Deus, a minha filha não! Meu Deus, a minha filhinha não!

A minha mãe rezava, e quando olhou para mim, eu vi a dor nos seus olhos, mas ao mesmo tempo, nada lhe tirava a paz e a doçura do seu rosto, nem uma lágrima! Em vez disso, ela levantou os seus olhos, e voltou a olhar para mim. Eu compreendo, com horror, que eles não me podiam tirar dali! Isso só acentuou o meu sofrimento, vendo-os ali compartilhando a minha dor, mas não podiam fazer nada por mim! Também compreendi que eles estão ali, respondendo a Nosso Senhor, pela educação que me deram. Eles eram os guardas, que protegeriam os talentos que Deus me tinha dado. E eles, com a sua vida e o seu testemunho, deveriam me proteger dos ataques de satanás. E deveriam ter alimentado as graças que Deus tinha colocado em mim, através do Batismo. Todos os pais são os guardas dos talentos que Deus dá aos filhos. Quando eu vi o sofrimento deles, sobretudo o do meu pai, eu grito novamente desesperada: tirem-me daqui! Tirem-me daqui! Eu não tenho culpa de estar aqui, porque eu sou católica! Eu sou católica! Tirem-me daqui!

O meu julgamento

Quando gritei, outra vez, que era católica, irmãos, ouço uma voz tão doce, tão doce, tão doce, tão linda, que encheu tudo de paz e de amor, que fez a minha alma estremecer. Aquelas criaturas horríveis, que se tinham colado a mim, ao ouvirem aquela voz, de imediato se prostraram em adoração e pediram licença para se retirar, porque não resistiam à doçura daquela voz, e abre-se algo... como uma boca por baixo, e eles fogem apavorados. Imaginem! Quando vejo aquelas coisas, aqueles demônios horríveis, prostrados ali! Só com o ouvir a Voz do Senhor, apesar do orgulho de satanás, mal a ouviram, prostraram-se de joelhos!

Então, vi a Virgem Santíssima prostrada, quando o sacerdote elevou Nosso Senhor na hóstia da Santa Missa que foi celebrada pela alma do meu sobrinho. A Virgem Maria intercedia por mim! Ela trazia todas as orações que o povo da minha terra fazia por mim, prostrada aos pés de Nosso Senhor, entregava-Lhe todas essas orações.

Sabem, quando o sacerdote eleva a hóstia, a presença de Jesus sente-se, todos se prostram de joelhos, até os demônios! E eu, que ia à Santa Missa, sem um mínimo de respeito, sem dar atenção nenhuma, mastigando chiclete, às vezes sonolenta, olhando para o lado, pensando em todo o tipo de coisas banais! Depois, ainda tinha o descaramento de reclamar, cheia de soberba, que Deus não me ouvia, quando lhe pedia qualquer coisa!

Olhem, era impressionante ver como NOSSO SENHOR ao passar, todas essas criaturas, todas essas coisas espantosas, se deitavam no chão, numa adoração impressionante. Vi a SANTÍSSIMA VIRGEM MARIA, formosamente prostrada aos pés do SENHOR rezando por mim, em adoração diante do SENHOR, e eu, pecadora, com a minha imundície, tratando o SENHOR de tu cá, tu lá; e dizendo que tinha sido boa! Boa ruína! Renegando e maldizendo O SENHOR!

Imaginem semelhante pecadora, quando até os demônios se prostravam no chão, quando o SENHOR JESUS CRISTO passava.

Aquela voz, tão linda, diz-me:

Muito bem! Se tu és católica, diz-me os Mandamentos da Lei de Deus! Aí...Vocês imaginam o susto?!... Por aquela eu não esperava! Eu só sabia que eram 10! Dai para a frente, nada! E agora... como me safo desta? - pensava eu, aflita. Lembrei-me que a minha mãe dizia, que o primeiro Mandamento era o Amor, falava sempre nisso, o Amor a Deus e ao próximo. Ai, digo para mim, que finalmente me serviu para alguma coisa a conversa da minha mãe! Então soltei essa, para ver se passava, e que não se notasse o resto! Eu pensava lidar com aquilo como sempre fazia aqui na terra. Porque aqui, sempre tinha a resposta pronta, a resposta perfeita, sempre me justificava e me defendia de tal forma que, ninguém descobria que não sabia. Agora pensava que me escapava de igual forma. E, comecei a dizer: o primeiro Mandamento é amar a Deus sobre todas as coisas, e... ao próximo como a mim mesma.

Muito bem! Diz-me, e tu, tens feito isso? Tens amado? Eu, toda atrapalhada, disse: eu... sim! Sim, eu sim. Sim! Mas aquela voz maravilhosa diz: NÃO!!!

Olhem que, quando me disse «NÃO!», aí sim, senti o choque do raio. Porque, eu ainda não tinha percebido em que parte me tinha caído o raio, mas ouvi aquele «NÃO!» então, aí sim, senti a dor do raio. Senti-me nua, caíram todas as minhas máscaras e fiquei a descoberto.

E aquela voz tão bela continuou e dizer-me: NÃO!!! Tu não amaste o teu Senhor, sobre todas as coisas, e muitíssimo menos amaste o teu próximo, como a ti mesma! Tu fizeste um Deus que moldaste a ti, e à tua vida! Só em momentos de extrema necessidade, ou de sofrimento, te lembravas do teu SENHOR. Aí sim, ajoelhavas, choravas, pedias, oferecias novenas, propunhas-te ir à Santa Missa, ir a grupos de oração, pedindo alguma graça, ou milagre, quando eras pobre, quando a tua família era humilde, quando querias ser uma profissional! Aí, sim, todos os dias rezavas de joelhos, horas inteiras, suplicando ao teu Senhor!

Rezando e pedindo-me, para que te tirasse dessa pobreza e te permitisse ser uma profissional e ser alguém! Quando tinhas necessidade, e querias dinheiro, aí sim, tu prometias: rezo o Rosário, mas concede-me um dinheirinho, Senhor! Essa era a relação que tu tinhas com o teu Senhor!... Mas tu, nunca cumpriste as promessas que fizeste, nem uma! E além de não cumprires as promessas, nunca ME agradeceste! E o SENHOR insistiu sobre isso: tu davas a tua palavra, e fazias um compromisso com o teu SENHOR, mas nunca cumprias!

O SENHOR mostrou-me uma, de tantas, das minhas orações. Quando lhe pedi que me concedesse a graça de ter o meu primeiro carro, eu rezava e, muito humilde, pedia que, por favor, mo concedesse, nem que fosse um carrinho pequenino, velhinho, não importava, desde que andasse. Mas, logo que consegui o carro que tanto ansiava, nem um muito obrigado disse ao SENHOR, e 8 dias depois, além de não agradecer, já o renegava e maldizia. O SENHOR foi-me mostrando, como em todas as graças que me concedia, além de nunca ter pago as promessas que fazia, também nunca agradecia.

Eu realmente via o meu SENHOR, de uma forma triste. Sabem, a minha relação com DEUS era do tipo «Caixa Eletrónico»: rezava um Rosário e Ele tinha que me dar dinheiro, era essa a minha relação com DEUS, e se não mo desse, eu revoltava-me. O Senhor mostrou-me tudo. Logo que me permitiu ter a minha profissão, e consequentemente começava a ter um nome e dinheiro; já o nome de DEUS me ficava pequeno e comecei a achar-me grande e nem sequer tinha uma expressão mínima de amor, ou gratidão para ELE. Ser agradecida! Jamais! Nem sequer um obrigada, por este dia que me deste, nem obrigada pela minha saúde, pelo teto que tenho, ou, coitadinhos daqueles, que não têm teto, nem comida, Senhor! Nada!!! Desagradecidíssima! Além disso, descri tanto o meu SENHOR, que acreditava em Mercúrio e Vénus para a sorte, andava cega com a astrologia dizendo que os astros dirigem a vida. Comecei a acreditar em todas as doutrinas que o mundo me oferecia. Acreditava na reencarnação, comecei a acreditar que simplesmente morria e voltava a começar, e esqueci-me que tinha custado, um preço de Sangue, ao meu SENHOR JESUS.

O Senhor continua: - e nada te era dado porque tu o pedias, mas porque tudo o que tu tinhas era uma bênção, que recebias do Céu; mas tu dizias, que tudo tinhas conseguido por ti, porque eras trabalhadora, lutadora, que tudo tinhas conseguido a pulso e à custa de estudar.

O SENHOR disse-me: NÃO! Olha quantos profissionais há com melhor situação académica que tu, que trabalham tanto ou mais que tu?

O Senhor fez-me o exame dos 10 Mandamentos, mostrou-me como eu era, que dizia que adorava e amava a DEUS, com as minhas palavras, mas, antes, pelo contrário, estava a adorar satanás.

Ao meu consultório, costumava ir uma senhora que punha as cartas, e fazia umas «limpezas» para a sorte, e eu dizia: não acredito nisso, mas jogue, por acaso, pois nunca se sabe, e ela jogava aquelas coisas para a boa sorte. Colocou-as num canto onde ninguém via, uma ferradura e uma planta de babosa para afastar o azar, e outras coisas deste género. Sabem o que eu fiz ao permitir isso? Abri as portas, para que os demónios entrassem à vontade, e livremente circulassem, alegremente, no meu consultório, e na minha vida. Olhem, tudo isso é vergonhoso. DEUS fez-me uma análise de toda a minha vida, à luz dos 10 Mandamentos, mostrou-me como fui, na minha relação com o próximo, como fui com DEUS. Criticava tudo e a todos, e a todos apontava com o dedo, a santa Glória!... E o SENHOR mostrou-me tudo isso, quando eu dizia que amava a DEUS e ao próximo, mas, pelo contrário, era muito invejosa. Agora via que, quando enganava alguém, ou dizia uma mentira, estava jurando em vão, porque no momento, em que eu dizia: «eu sou católica», eu estava a dizer que JESUS CRISTO era o meu SENHOR, por isso, estava a dar um testemunho de mentira e de engano! Como fiz mal a tanta gente! Como eu jamais reconheci, nem agradeci aos meus pais, por todo o sacrifício e entrega deles, para dar-me uma profissão e poder triunfar na vida, todo o sacrifício e esforço que fizeram, mas eu não via isso e logo que tive a minha profissão, até eles ficaram pequenos para mim: ao ponto de ter vergonha da minha mãe, pela sua humildade e pobreza.

JESUS continuou a mostrar-me, que esposa era eu: passava todo o dia a resmungar, desde que me levantava. O meu marido dizia: bom dia! E eu só se for para ti!! Olha, está chovendo! Sempre resmungava e renegava tudo. E santificar os dias de festa? Foi um espanto! Que dor senti! JESUS mostra-me como eu dedicava 4 e 5 horas ao meu corpo no ginásio e, nem 10 minutos diários de amor tinha para o meu SENHOR, nem um agradecimento, ou uma oração bonita, não, nada! Pelo contrário, eu até rezava o terço às vezes, começava com toda a velocidade, no intervalo da novela, pensava para mim mesma: consigo rezar o terço, enquanto passa a propaganda. Eu começava a rezar rapidamente, nem sabia o que estava a dizer, preocupada se a novela já tinha começado ou não, e em que parte já ia. Sem elevar o coração a DEUS. JESUS continuava a mostrar-me como eu nem sequer era agradecida, com Ele, e a preguiça que me dava para ir à Santa Missa, quando eu vivia com os meus pais e, a minha mãe me obrigava, eu dizia: mãe, mas se DEUS está em toda a parte, que necessidade tenho eu de ir para lá, para a Missa!?

Claro, era muito cômodo para mim dizer isso, e JESUS mostrou-me... Eu tinha o SENHOR 24 horas por dia para mim, toda a minha vida DEUS cuidou de mim, e eu tinha preguiça de ir um bocadinho ao domingo, mostrar-Lhe o meu agradecimento, o meu amor por ELE, e o pior de tudo isso, foi não saber que, essa entrada na igreja, era o **restaurante** onde eu devia **alimentar** a minha alma, mas eu dediquei-me a cuidar do meu corpo, tornei-me escrava da minha carne e esqueci-me desse pormenor: **que tinha uma alma e nunca cuidei dela**. E da Palavra de DEUS - a Bíblia - eu até dizia descaradamente, que quem lia muito a Bíblia, ficava louco.

Eu cheguei ao ponto de blasfemar, e a incoerência da minha vida levou-me a dizer: qual Santíssimo? Acolá, DEUS vive ali? Na custódia e no cálice! Os padres deveriam colocar aguardente, para que tenha bom sabor!

Até que ponto chegou a degradação da minha relação com DEUS! Nunca alimentei a minha alma, e para rematar, não fazia outra coisa que não fosse criticar os sacerdotes. Se vocês soubessem como fiquei tão mal nessa parte diante de JESUS! O Senhor mostrou-me como ficou a minha alma com todas essas críticas. Além disso, imaginem que chamei a um sacerdote de homossexual e toda a comunidade ficou sabendo, quanto mal fiz? Não imaginam quanto mal fiz a esse sacerdote! Não! Nem vou contar essa parte, seria demasiado longo. Só lhes digo que, uma só palavra, tem a capacidade de matar e destruir as almas. Agora, via todo o mal que tinha feito! A minha vergonha era tão grande, que não há palavras para a descrever! Só lhes peço que não façam o mesmo, não critiquem! Rezem!

Vi, que as manchas mais graves que eu tive na minha alma e que trouxeram mais maldições à minha vida, foi falar mal dos sacerdotes!

Rezar pelos sacerdotes

A minha família sempre criticou os sacerdotes. Desde pequenos, o meu pai, e todos em casa, criticavam e diziam: esses padres, esses tipos, são uns mulherengos e têm mais dinheiro que nós, e são isto, são aquilo, e nós repetíamos.

NOSSO SENHOR dizia-me, quase gritando: "quem pensavas que eras, para te fazer «deus» e julgar os meus ungidos?! São de carne, e a santidade é-lhes dada pela comunidade onde Eu coloquei esse Dom, que reza por ele, que o ama e o apóia." Sabíam, irmãos, que quando um sacerdote cai, essa comunidade responderá ao Senhor pela santidade do mesmo? O demônio odeia os católicos e muitíssimo mais os sacerdotes. Odeia a nossa Igreja, porque enquanto houver um sacerdote consagrando ao Senhor... porque todos deviam saber que: aquelas mãos do sacerdote, que apesar de ser homem, ele é um ungido de DEUS, reconhecido Pelo Pai Eterno, de maneira que num pedaço de pão aconteça um milagre, uma transubstanciação, transformado pelas mãos daquele sacerdote, no Corpo e Sangue de Nosso Senhor Jesus Cristo. Essas mãos, do sacerdote, o demônio as odeia, intensa e terrivelmente.

    O demônio detesta-nos, a nós católicos, porque temos a Eucaristia, *porque a Eucaristia é uma porta aberta para o Céu, e é a única porta! Sem a Eucaristia ninguém entra no Céu.* Qualquer pessoa que esteja a agonizar, Deus coloca-se ao lado dessa pessoa, sem importar a que religião pertence, ou às suas crenças; O Senhor revela-Se e diz-lhe carinhosamente, com muito Amor e Misericórdia: *"Eu Sou o Teu Senhor!"* E se essa pessoa pede perdão, e aceita esse Senhor, acontece algo difícil de explicar: Jesus leva imediatamente essa alma, onde se está a celebrar uma Missa nesse momento e, essa pessoa recebe o VIÁTICO, que é uma comunhão mística; porque só quem recebe o Corpo e o Sangue de Jesus Cristo, pode entrar no Céu. É algo místico, é uma graça imensa que nós temos na Igreja Católica, é uma graça que Deus deu à nossa Igreja, e muita gente fala mal desta Igreja, mas através dela, recebem a salvação e vão para o Purgatório, e lá continuam se beneficiando da Graça da Eucaristia. Salvam-se, vão para o Purgatório, mas salvam-se! Por isso o demônio odeia tanto os sacerdotes, porque, enquanto houver um sacerdote, há umas mãos que consagram o pão e o vinho e transformam-nos no Corpo e Sangue de Jesus Cristo. Por isso temos que rezar muito pelos sacerdotes, porque o demônio ataca-os constantemente. Nosso Senhor mostrou-me tudo isto.

Além disso temos os Sacramentos

Só através do sacerdote temos o sacramento da penitência, por exemplo! Só através do sacerdote obtemos o perdão das nossas culpas.

Sabem o que é o confessionário?

É um lavatório de almas! Não com água e sabão, mas sim, com O Sangue de Cristo!

Quando a minha alma ficou suja, negra com o pecado, se eu me confessasse, teria sido lavada com o Sangue de Cristo, além disso romper-se-iam as correntes que me atavam ao maligno. Não haveria então o demônio de detestar os sacerdotes?! Mesmo aqueles sacerdotes que são grandes pecadores, têm o poder de absolver os pecados. E o Senhor foi-me mostrando como na ferida do Seu Coração... há coisas, que passam acima da inteligência do homem, mas que são realidades espirituais e são de verdade mais reais... através dessa ferida, uma alma sobe ao Estrado Divino, ao Estrado da Misericórdia Divina, à porta da Misericórdia, sobe e, no Coração de Jesus, Eterno Sacerdote, Jesus põe a Sua Cruz Sangrando no Seu Eterno Presente e aquela alma fica limpa. Agora eu via, como a minha alma ficou limpa na Confissão, e em cada pecado que confessei, Nosso Senhor, rompeu o laço que me unia a satanás. Pena foi ter-me afastado da Confissão! Mas tudo isso só acontece através do sacerdote. E todos os outros sacramentos, só os recebemos também, através do sacerdote. Por tudo isto, temos a obrigação e o dever de rezar por eles, para que Deus os proteja, os ilumine, e os guie.

É por tudo isto, que o demônio odeia terrivelmente a Igreja Católica e os sacerdotes.

O matrimônio

Gostaria de vos falar da grande graça do sacramento do matrimônio. Quando entras na igreja, no momento do teu casamento, no momento em que dizes o sim, que te comprometes a ser fiel, na saúde, na doença, na riqueza, etc., sabem a quem prometemos? Nada mais, nada menos que a Deus Pai! Ao nosso Deus, fascinam-lhe os casamentos! Ele é a única testemunha, quando dizemos estas palavras. Todos nós, quando morrermos, veremos esse momento no nosso Livro da Vida. Sabem que nesse momento, vislumbramos um dourado indescritível, um brilho intenso, Deus Pai escreve estas palavras no Livro com letras douradas, belíssimas. Nesse momento em que tomamos o Corpo e O Sangue de Jesus, estamos a fazer um Pacto com Deus e com a pessoa por nós escolhida, para compartilharmos juntos uma vida. Quando pronunciamos estas palavras, estamos a pronuncia-las À Santíssima Trindade.

No dia do meu casamento, vi, que quando eu e o meu marido recebemos a Sagrada Eucaristia, já não éramos dois, mas sim três! Nós dois e Jesus! Porque, de imediato, quando comungamos Jesus, Ele nos une como um só! Coloca-nos no Seu coração e passamos a ser um só, formamos com Jesus uma Trindade Santa! **Não separe o homem o que Deus uniu**!

Agora eu pergunto: quem separa isso?! Ninguém! Ninguém, irmãos, pode separar isso! Ninguém, depois de consumado esse matrimônio! E se os dois chegarem virgens ao matrimônio, não imaginam as bênçãos que se derramam sobre esse matrimônio!

Eu vi como no matrimônio dos meus pais, quando o meu pai colocou o anel no dedo da minha mãe, e o padre os declarou marido e mulher, Nosso Senhor entregou ao meu pai um cajado, que parecia um pauzinho curvo de Luz, tratava-se de uma graça que Deus dá ao homem. É um dom de autoridade de Deus Pai, para esse homem poder guiar o pequeno rebanho que são os filhos, que nascem desse matrimônio, e também para defender o matrimônio e os filhos de tantos males que atacam as famílias.

À minha mãe, Deus Pai colocou-lhe no coração, algo parecido com uma bola de fogo, belíssima, que significa o Amor de Deus, O Espírito Santo. Eu soube que a minha mãe era uma mulher muito pura. Deus estava feliz, regozijado. Não imaginam quantos espíritos imundos se apoderaram do meu pai naquele momento. Esses espíritos parecem larvas, sanguessugas. Sabem que, quando alguém tem relações fora do matrimônio, de imediato os espíritos malignos pegam-se por todos os lados na pessoa, começam pelos seus órgãos sexuais, apoderam-se da carne, dos hormônios, lançam-se no cérebro, tomam a «hipófise», a «pituitária», e toda a parte neurológica do organismo da pessoa, e começam a gerar uma quantidade de hormônios, que a levam a instintos baixos. Transformam um filho de Deus, num ser escravo da carne, escravo dos seus instintos, do seu apetite sexual, o que leva a pessoa a ser daquelas que dizem que «estão gozando a vida».

Quando um casal é virgem, Deus glorifica-se. Há um Pacto Sagrado com Deus, que santifica essa sexualidade. Porque a sexualidade não é pecado! Deus deu-a como bênção, porque a sexualidade é Deus e o casal. Onde houve o sacramento do matrimônio - mesmo que não tenham chegado virgens ao matrimônio - Deus está presente nessa cama sacramental! Porque nessa cama onde está o sacramento do matrimônio, está O Espírito Santo, até nas refeições desse casal está a Presença do Senhor Deus, que abençoa esse alimento. Deus fica encantado com os matrimônios, fica feliz de ir com eles para a sua nova vida, começar juntos uma nova vida. O casal e o Senhor formam uma Trindade. É pena que muitos casais não saibam, não tenham essa noção, nem pensem em Deus, casam só por tradição, não por fé, só pensam em sair da igreja, para ir festejar, comer, beber, lua-de-mel; porque não há nenhum mal, o mal está em deixar o Senhor fora de tudo isto. Como eu fiz, que deixei o Senhor na rua, nem pela cabeça me passou convidar o Senhor a entrar na minha nova vida, na nossa casa. Porque Ele gosta que o convidemos a entrar e a estar conosco em tudo, em todo o momento; nas alegrias, e nos momentos menos bons; que sintamos a Sua Presença. Mas, no sacramento do matrimônio o Senhor está presente mesmo sem ser convidado, mas que bom seria se estivéssemos conscientes dessa Presença.

No matrimônio dos meus pais, o mais lindo, foi que Deus restituiu ao meu pai, os dons e a graça perdidos, casando com a minha mãe, que era uma mulher pura de sentimentos e virgem. Sarou o meu pai, a sua sexualidade desordenada e suja. Mas como ele era muito «macho», e os amigos começaram a envenená-lo, dizendo-lhe que não deixasse que a mulher o envolvesse, e o dominasse, que devia seguir a vida que tinha antes, de mulherengo, festas, e... ele, 15 dias depois de casado, terminou num bordel, para demonstrar aos amigos que continuava a ser o mesmo, que não se deixava dominar pela mulher.

Sabem onde terminou o cajado de autoridade e proteção que Deus lhe tinha dado? O demônio levou-o! E todos aqueles espíritos malignos, aquelas coisas imundas voltaram a pegar-se-lhe. O meu pai transformou-se, de pastor do seu rebanho, em lobo da sua família e da sua casa!

Quando alguém é infiel ao seu casamento, está sendo infiel a Deus. Está faltando à palavra, no Juramento que fez a Deus e à pessoa com quem casou, no dia do seu casamento. Não está cumprindo o que prometeu. Se alguém tenciona não ser fiel ao seu casamento, é melhor não casar. O Senhor diz-nos: se tu és infiel, vais condenar-te! Se não vais ser fiel, não cases! Filho, pede-Me a graça de ser fiel à tua esposa, ao teu esposo e a Deus. Quantos males vêm para um matrimônio, pela infidelidade?! Aquele marido que vai a um bordel ou que é infiel com a secretária, por exemplo. E apesar das precauções, do preservativo, contrai um vírus; apesar do banho, aquele vírus não morreu, e mais tarde quando tem relações com a esposa, aquele vírus entra na vagina da mulher e fica alojado ali, no fundo, ou no útero. Mais tarde forma uma úlcera, ela muitas vezes nem se apercebe disso, e quando anos mais tarde fica muito doente e vai ao médico; é-lhe diagnosticado...Câncer! Sim! Câncer! Então quem diz que o adúltero não mata?! E, para além disso, quantos abortos se fazem por causa do adultério? Por exemplo, quantas mulheres que foram infiéis ficaram grávidas e, para que os maridos não descubram, recorrem ao aborto, matam um inocente, que não pode falar, nem defender-se! Estes são alguns exemplos. O adultério mata de muitas e diversas formas! Depois, ainda temos o descaramento de reclamar contra Deus, quando as coisas não correm bem, quando temos problemas, quando aparecem doenças, quando somos nós que as buscamos com os nossos pecados, atraímos o mal para a nossa vida.

Por trás do pecado está sempre o maligno!

Abrimos as portas ao maligno quando pecamos tão gravemente!

E depois, ainda nos queixamos que Deus não nos ama.

Onde está Deus, que permitiu isto ou aquilo!?

Que grande descaramento o nosso!

Sabiam que, Deus é o rochedo que protege os matrimônios? Ai daquele que tente destruir um matrimônio! Quando alguém tenta destruir um matrimônio, bate contra essa Rocha que é Jesus. Deus defende o matrimônio, nunca duvidem disso!

Também quero dizer-vos que devem ter muito cuidado com aquelas sogras que se metem no matrimônio dos filhos, para indispô-los, causando-lhes problemas na sua relação. Mesmo que não goste muito daquele genro, ou daquela nora, com razão ou sem ela, eles já estão casados, e agora já não há nada a fazer. Por isso, a única coisa a fazer é rezar por eles. Rezem por esse matrimônio, e calem-se! Muitas mulheres condenaram-se por se meterem no matrimônio dos filhos! Isto é um pecado grave! Se vêem que alguma coisa está mal, que um deles ou os dois estão a pecar, calem-se e rezem, peçam a Deus por eles, peçam auxílio a Deus. Também podem reunir o casal e falar com os dois, pedindo-lhes que salvem o seu matrimônio, que olhem pelos seus filhos, que o matrimônio é para se amar, doar, e perdoar mutuamente. Deve-se lutar pelo matrimônio. Mas nunca interferir doutra forma e muito menos tomar partido por um ou por outro.

4.º Mandamento: Honrar Pai e Mãe

Jesus continuava a mostrar-me tudo. Já lhes contei como fui mal agradecida com os meus pais, como me envergonhava deles; como os maldizia e os renegava, por eles serem pobres e não me poderem dar tudo o que as minhas amigas ricas tinham. Eu tinha sido uma filha ingrata, ao ponto de dizer que aquela não era minha mãe, porque pareciam inferiores a mim. Foi espantoso ver o resumo de uma mulher sem DEUS. Destrói tudo o que se lhe aproxima. Além disso e o mais grave, é que eu sentia-me e achava-me uma boa pessoa!

Eu pensei que no 4.º Mandamento passava bem no meu julgamento, porque os meus pais bem caro me tinham custado, tanto dinheiro que gastara com eles, com as doenças deles - porque tudo analisava com dinheiro - porque eles tiveram doenças graves antes de morrerem. Foi o meu marido que as financiou, e eu dizia: olhem estes dois desavergonhados, não deixaram nem um centavo de herança e ainda tive de gastar uma fortuna com eles. Mas os pais das minhas amigas, deixam bens e... E o SENHOR mostrou, como eu analisava tudo através do dinheiro, pois até meus próprios pais manipulei, quando tinham dinheiro e poder, até deles me aproveitei.

Com o dinheiro me «endeusei» e até a eles pisei. Sabem o que mais me doeu? Foi ver ali os meus pais, o meu pai a chorar, ver que tinha sido um bom pai, que tinha ensinado a filha a ser trabalhadora, lutadora, empreendedora, que devia ser honrada e que só quem trabalha vai em frente. Mas esqueceu-se de um pormenor... que eu tinha alma e que ele era o meu evangelizador com o seu testemunho. A minha vida começou a afundar-se, com o exemplo que ele me deu. Ele via agora com profunda dor, a responsabilidade que tinha, diante de DEUS, porque quando ele era mulherengo, e dizia-se feliz, gabando-se diante da minha mãe e a toda a gente, que era muito macho, porque tinha muitas mulheres, e podia conquistá-las a todas. Além disso, bebia demais, fumava. Ele até era boa pessoa, mas com estes vícios, que ele não identificava como tal, pois achava serem virtudes. Era muito orgulhoso. Eu, que era uma criança e via como a minha mãe se enchia de lágrimas, quando o meu pai falava de outras mulheres, começava a encher-me de raiva, de ressentimento e de fúria. O ressentimento começa com a morte espiritual, eu sentia uma raiva espantosa ao ver como o meu pai humilhava a minha mãe diante de toda a gente e como lhe causava tantas lágrimas e ela nada dizia. Aí começou a minha rebeldia.

Quando adolescente, dizia a minha mamãe: eu nunca vou fazer como a mamãe. A mamãe joga a dignidade das mulheres abaixo, por causa disso, nós, as mulheres, não valemos nada, toda a culpa é das mulheres como a mamãe, sem dignidade, sem orgulho, que deixam que os homens as pisem e humilhem! Eu dizia ao meu pai quando já era uma adolescente: pai, preste atenção, eu nunca vou deixar que nenhum homem faça a mim o que o papai faz à minha mãe! Jamais! Se um dia, um homem me for infiel, eu vingo-me! Faço o mesmo, para que ele aprenda! O meu pai bateu-me e gritou-me: como se atreve, menina? Eu não sei porque... o meu pai, tão machista. Eu disse-lhe: está bem, pode bater-me mas, se eu um dia casar, e o meu esposo me for infiel, eu vingo-me, faço-lhe o mesmo, para que os homens compreendam e vejam como sofre uma mulher quando um homem a piza e humilha dessa forma. Enchi-me de todo esse ressentimento e de ódio. Sabem! Sentia tanta raiva que isso fez da minha vida uma rebeldia, comecei a viver com esses desejos de defender a mulher. Comecei a defender o aborto, a eutanásia, o divórcio e aconselhava todas as mulheres que conhecia, que se o marido lhes fosse infiel, deviam vingar-se! Eu nunca fui infiel, fisicamente mas fiz mal a muita gente, com esses conselhos.

Quando já tinha dinheiro, comecei a dizer a minha mãe: mamãe, separe-se do papai - mesmo assim eu gostava do meu pai. É impossível a senhora aguentar um homem assim! Tenha dignidade, faça-se valer, mãe!

Sabem porque eu amei o meu pai? Porque a minha mãe foi uma mulher boa, que nunca, nunca nos ensinou a odiar, nem mesmo ao meu pai, nem a ninguém! Imaginem só! Eu queria divorciar os meus pais! Mas a minha mãe dizia: não, filha, não posso, eu sofro, mas sacrifico-me por vocês meus filhos, vocês são 7 e eu sou só uma. Eu sacrifico-me porque o teu pai é bom pai, eu seria incapaz de separar-me dele e deixá-los a vocês sem pai. Além disso, se me separo dele, quem vai rezar para que o teu pai se salve? Sou eu que posso pedir por ele, para que ele encontre salvação, porque a dor e o sofrimento que me causa, eu uno-os às dores que JESUS sofreu na cruz. Todos os dias vou à igreja, e em frente ao sacrário, eu digo: «SENHOR, este sofrimento não é nada, eu o uno à Tua CRUZ, para que se salvem o meu marido e os meus filhos.» Eu entrego o teu pai a JESUS atado com o terço. O demônio puxa-o para baixo fazendo-o pecar, mas eu puxo-o para cima com o terço, e levo-o em frente ao Santíssimo no Sacrário e digo a JESUS: SENHOR, aqui está, confio que não me deixarás morrer sem vê-lo convertido. Senhor, não só Te peço pelo meu marido, mas também Te peço, por todas as mulheres que estão a passar pelo mesmo, especialmente por aquelas mulheres que, em lugar de estar de joelhos, pedindo-Te pelos seus maridos e filhos; estão nas mãos de bruxos, adivinhos, ou a fazer o mesmo, entregando as suas almas, e as suas famílias nas garras do maligno. Senhor, peço-Te por essas mulheres, por essas famílias.

Sabem, o meu pai converteu-se 8 anos antes de morrer! Arrependeu-se, pediu perdão a Deus, e O Senhor perdoou-lhe. Ele estava no Purgatório, na parte mais baixa, em grande sofrimento, porque não reparou o seu pecado. Reparar o pecado é algo que levamos muito pouco a sério, não ligamos. Também, muitas vezes não é possível, mas para isso o Senhor concede-nos a graça de reparar os nossos erros através da Eucaristia. **Cada vez que vamos a uma Santa Missa, o Senhor dá-nos a graça de reparar o mal que fizemos.** Deus mostra-nos, lá no outro mundo, a consequência dos nossos pecados, do mal que fizemos ao próximo. Até de um mau olhar, um olhar feio, uma má palavra. Se vissem o terrível que é! E como choramos lá esses erros!

No caso do meu pai, a minha mãe dizia-lhe que aconselhasse os meus irmãos, para que abandonassem a vida de pecado que levavam - porque eles seguiam os passos do meu pai: infidelidades, bebedeiras, eram uma cópia dele - e isso seria reparação, mas sempre o meu pai respondia a minha mãe, que deixasse os rapazes divertirem-se, que eles eram novos e que depois teriam tempo de mudar! O meu pai deu um mau exemplo aos meus irmãos e não reparou o seu pecado. Ele chorava no Purgatório, e dizia: "salvei-me graças a esses 38 anos de oração, dessa santa mulher que Deus me deu por esposa!".

A minha mãe passou 38 anos da sua vida rezando por ele!

Satanás e a sua estratégia

Quem viu o filme da Paixão de Cristo, deve lembrar-se, que quando estavam a flagelar Jesus, vemos o demônio com um bebê, que é um demônio também, que olha Jesus e sorri. Saibam que hoje, já não é um bebê, mas sim, um engendro maligno, enorme e perverso, que tem muita gente escravizada pelos prazeres da carne, outros na bruxaria, outros em teologias erradas, como por exemplo aquelas que afirmam que o demônio não existe. Imaginem como o demônio é tão astuto, que se nega! Ele faz-nos pensar que não existe, para poder atuar à vontade! Sim, ele dirige a instrução do homem, para fazer-nos pensar que não existe, e poder levar-nos à destruição. Até a quem crê em Deus, o maligno busca uma forma de os confundir, às vezes, quando há aparições, ele faz crer que são aparições falsas. Confunde o povo de mil e uma formas, usando a parte débil de cada um. Muitos católicos, crentes, praticantes, vão à Santa Missa e ao bruxo, ao mesmo tempo. Porque o maligno faz-nos acreditar que não há mal nenhum nisso e que vamos para o céu da mesma forma, porque não fomos lá para fazer mal a ninguém! O demônio guia, usa, e dirige tudo isso, com uma estratégia muito bem preparada. Mas fiquem sabendo que, quando vão à bruxa, não importa o que vão fazer, a besta coloca-lhes o selo da sua marca.

Quando vamos a algum bruxo, ou cartomante que lêem as cartas, ou búzios, invocações de espíritos, astrólogos, em todos esses lugares, o demônio põe-nos o seu selo, a sua marca.

Eu fui pela primeira vez a um lugar desses, com uma amiga que me levou a uma bruxa, para uma consulta, para adivinhar o meu futuro, e aí fui marcada pela besta.

O maligno pôs-me o seu selo!

O pior é que, no meu caso, o mal marcou-me naquele dia através daquela senhora; a partir daí começaram as perturbações, tais como: pesadelos noturnos, angústias, medos, temores, e até um desejo profundo de me suicidar!

Eu não entendia o porquê desses desejos! Chorava, sentia-me infeliz, e nunca mais me senti em paz. Rezava, mas sentia o Senhor longe de mim, nunca mais senti aquela proximidade com Deus que sentia quando era pequena. Cada vez me custava mais, e rezar, era cada vez mais e mais difícil. Claro! Abri as portas à besta, e o maligno entrou com força na minha vida.

As mentiras e a 1.ª Confissão mal feita

Quando era pequenina, tristemente aprendi que, para evitar os castigos da minha mãe, que eram bastante severos, as mentiras eram excelentes e comecei a andar com «o pai da mentira», aliei-me a ele e comecei a ficar tão mentirosa que, à medida que os meus pecados iam crescendo, as mentiras iam ficando maiores também. Mas quando reparei que, mesmo mentindo, me castigavam, comecei a usar outra estratégia de mentira...

Por exemplo: sabia que a minha mãe respeitava muito o SENHOR e para ela o nome do SENHOR era Sagrado, era Santíssimo; então eu pensei que tinha a arma perfeita, e dizia-lhe: "mãe, por CRISTO Lindo, eu juro que não fiz isso!" Dessa forma eu conseguia finalmente evitar os castigos. Com as minhas mentiras, colocava o Nome SANTÍSSIMO DE CRISTO no meu lixo, nas minhas maldades, na minha imundície, fui-me enchendo de tanta sujeira e de tantos pecados.

Olhem que aprendi que palavras leva-as o vento, e quando a minha mãe insistia muito, eu dizia: mãe, ouça uma coisa! Que um raio me parta, se o que eu digo é mentira!

Estas palavras, eu usei-as muitas vezes... e vejam! Passou muito tempo, mas acabou mesmo por me cair um raio em cima! E só estou aqui, pela Misericórdia de DEUS.

Um dia a minha amiga Estela, disse-me: "olha lá, tu já tens 13 anos e ainda não foste deflorada?!"

Eu fiquei espantada a olhar para ela! Como assim... o que é que ela queria dizer com aquilo?!

A minha mãe sempre me falara sobre a importância da virgindade, ela dizia-me que se tratava do anel do Matrimônio com o Senhor. Mas a minha amiga, com ar de superioridade, disse-me: a minha mãe, logo que me apareceu a menstruação, levou-me ao ginecologista e estou tomando a pílula!

Eu, nessa altura, nem sabia o que era isso! Ela explicou-me que eram pílulas anticonceptivas para não engravidar, e acrescentou que já tinha dormido com o primo, com o amigo, com este e com aquele, uma lista enorme! Ela dizia que era muito bom! As minhas amigas diziam-me: "tu realmente não sabes nada?" Quando respondia que não, elas diziam-me que me iam levar a um lugar onde todas tinham aprendido. Eu fiquei preocupada; sabia lá onde me iriam levar! Começou a despertar um mundo novo para mim, novo e completamente desconhecido.

Levaram-me a um teatro, bem feiinho, lá no centro, para ver um filme pornográfico.

Vocês imaginam o susto?!

Uma menina de 13 anos, que naquela época nem televisão tinha em casa! Imaginem ver semelhante filme! Quase morri de susto! Parecia-me que estava no inferno! Tinha vontade de fugir dali correndo. Não o fiz por vergonha das minhas amigas. Mas o que eu queria mesmo, era sair dali, estava assustadíssima!

Nesse dia fui à Santa Missa com a minha mãe. Eu estava assustada e fui confessar-me. A minha mãe ficou rezando, frente ao Santíssimo. Quando me confessei, disse os pecados de costume: que não tinha feito os trabalhos de casa, da escola, que tinha sido desobediente, esses eram mais ou menos os meus pecados. Eu confessava-me sempre ao mesmo sacerdote e ele quase já conhecia os meus pecados, mas, naquele dia, disse ao padre que tinha escapado à minha mãe para ir ao cinema. O padre, surpreendido, quase gritou: Quem escapou a quem?! Quem foi aonde?! Eu, aflita, olhei para a minha mãe, vejo que estava tranquila, no mesmo lugar, ainda bem que não tinha ouvido nada! Imaginem se ouvisse!... Eu levantei-me do confessionário zangada com o padre, e claro que não disse que filme tinha visto. Só por dizer que tinha fugido da minha mãe para ir ao cinema, o padre escandalizou-se tanto; imaginem se lhe dissesse que filme tinha ido ver?! Batia-me?!

Foi aí que começou a astúcia de satanás! Porque daí para a frente começam as minhas confissões mal feitas. Daí para a frente, selecionava o que ia dizer na Confissão; digo isto, mas isto não digo. Este pecado digo ao padre, mas este não! Começam as minhas confissões sacrílegas! Eu ia receber o Senhor sabendo que não tinha confessado tudo! Ia receber o Senhor indignamente! O Senhor mostrou-me como na minha vida foi terrível a degradação da minha alma, nesse processo de morte espiritual. Foi tão grave, que no fim da minha vida eu já não acreditava no demônio, nem em coisa nenhuma. Mostrou-me como em criança caminhava pela mão de Deus; como tinha uma relação profunda com Ele, e como o pecado fez com que eu fosse soltando a Mão do Senhor, pouco a pouco. Agora o Senhor dizia-me, que todo aquele que come e bebe o Seu Corpo e o Seu Sangue indignamente, come e bebe a sua condenação. Eu comi e bebi a minha condenação! Eu vejo, no Livro da Vida, como o demônio estava desesperado, porque eu, com 12 anos ainda acreditava em Deus, eu ainda ia adorar o Santíssimo Sacramento com a minha mãe. O demônio estava num desespero terrível, por ver isso.

Quando começou a minha vida de pecado, o Senhor fez-me sentir que estava a perder a paz no meu coração. Começou uma luta com a minha consciência, e o que me dizem as minhas amigas?

As minhas amigas diziam-me: o quê?!

Confessar-se?! "Tu és uma tola, passada de moda! E com esses padres, mais pecadores que nós?!" Nenhuma delas se confessava, eu era a única que ainda o fazia. Começou a guerra, entre o que me diziam as minhas amigas e o que me dizia a minha mãe e a minha consciência. Pouco a pouco, começou a balança a inclinar-se, e as minhas amigas ganharam. Então decidi não me confessar mais, porque não me ia confessar àqueles velhos, que ficavam escandalizados só por ter ido ao cinema!

Vejam a astúcia de satanás! Afastou-me da Confissão aos 13 anos. Ele é esperto, sabiam? Ele coloca-nos idéias erradas na nossa mente! Aos 13 anos já Glória Polo era um cadáver vivente, em meu espírito. Mas para mim foi importante e era um orgulho, pertencer àquele grupinho de amigas, de meninas finas e espertas.

Quando temos 13 anos, pensamos que sabemos tudo e que todo aquele que fala em Deus está passado de moda, ou é doido. Porque o que está na moda é desfrutar.

Sabem? Ainda não lhes contei, é que quando se ouviu a Voz de Jesus e aqueles demônios saíram todos porque não suportavam aquela voz, ficou só um demônio. Teve autorização do Senhor para ficar. Esse demônio grandíssimo, gritava com uns alaridos horríveis: "é minha! É minha! É minha!" Só esse ficou, porque foi esse que guiou, manipulou, e que, como sua estratégia, conduziu as minhas debilidades para que eu pecasse! Foi esse que me afastou da Confissão! Por isso, o Senhor permitiu-lhe que ficasse a meu lado, era por isso que aquele demônio horrível gritava que eu pertencia a ele, e acusava-me também. Ele tinha autorização para ficar, porque eu morri em pecado mortal! Desde os meus 13 anos que não me confessava e até aí, muitas vezes confessei-me mal. Eu pertencia àquele demônio, e ele podia ficar durante o meu julgamento! Imaginem-me, envergonhadíssima, a ver com horror os meus pecados, que eram tantos, e ainda por cima aquela coisa horrível a acusar-me e a dizer que eu era dele! Foi horrível!

O maligno tirou-me da Confissão, assim como me tirou a cura e a limpeza da minha alma, porque cada vez que pecava, não era gratuito esse pecado. O maligno, dentro dessa brancura da minha alma, colocou-me a sua marca, uma marca de escuridão e essa alma branca começou a encher-se de escuridão. Jamais comunguei bem, só na 1.ª Comunhão fiz uma boa Confissão, daí para a frente, nunca mais, e recebia na comunhão o meu SENHOR JESUS CRISTO, indignamente. Quando nos vamos confessar, devemos sempre, sempre, pedir ao Espírito Santo que nos ilumine e envie a Sua Santa Luz sobre as trevas da nossa mente. Porque uma das coisas que o maligno faz é escurecer a nossa mente, para que pensemos que nada é pecado, que tudo está bem, que não é preciso ir até ao sacerdote, para nos confessarmos; até porque eles são mais pecadores do que nós. Que a Confissão passou de moda. É claro, foi mais cômodo para mim não me confessar.

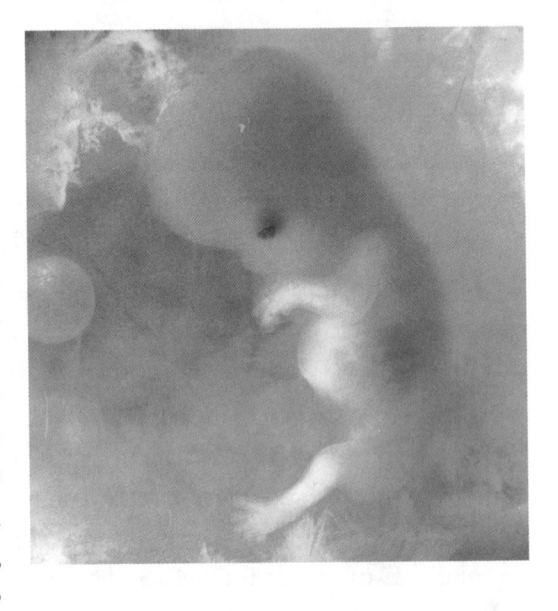

Aborto da amiga

Aos 13 anos a minha amiga Estela engravidou. Quando me disse que estava grávida, eu perguntei- lhe: "mas então, tu não tomavas a pílula?" Ela diz: "sim, mas não funcionou!"
Eu disse: mas, e agora? Que vais fazer? Quem é o pai?
Ela respondeu que não sabia. Não sabia se foi naquela festa, ou naquele passeio, ou ainda, se era do noivo. Acrescentou que vai ter que dizer que é do noivo!
Em Junho viajaram de férias, ela e a mãe. Já tinha 5 meses de gravidez... Quando retornou, fiquei surpreendida,... ela não tinha nada de barriga, e parecia um cadáver! Estava tão pálida, e daquela menina extrovertida que se divertia com tudo, não ficou nada. Já não era a mesma.
Sabem, nenhuma de nós gostava de ir à Missa. Mas na escola, que era de freiras, tínhamos que ir com elas. Havia um sacerdote velhinho que demorava muito, e a nós, essas missas pareciam eternas, nunca mais acabavam. Enquanto durava a Missa, nós estávamos o tempo todo na brincadeira, a rir, sem atenção nenhuma. Mas um dia chegou um sacerdote novo, muito jovem e muito bem apresentável. Nós comentávamos que um jovem tão atraente, como padre, era um desperdício.
Combinámos qual de nós o iria conquistar! Imaginem!
Lá na nossa escola, as freiras eram as primeiras a comungar, e a seguir éramos nós, e todas sem Confissão!... Fizemos uma aposta, para ver quem conquistava o padre! Quando fôssemos comungar, desabotoávamos a blusa, e aquela a quem o padre, ao dar a hóstia, lhe fizesse estremecer a mão, era essa, que melhores seios tinha. Era essa que tinha chamado a atenção do padre.

As coisas satânicas que o maligno nos fez fazer! E nós pensávamos que eram brincadeiras! A que ponto chegávamos!

Mas, quando a minha amiga Estela chegou daquelas férias, já não era a mesma, divertida, brincalhona e alegre de sempre. Agora tinha o olhar apagado, triste, muito triste. Ela não queria contar-me, mas um dia fui à casa dela, e ela baixou a saia e disse-me: "quando a minha mãe soube que eu estava grávida, ficou tão furiosa, tão furiosa, que imediatamente, me agarrou pela mão, colocou-me no carro e levou-me ao ginecologista. Quando chegou lá, disse ao médico: «ela está grávida!» Faça-me um favor, cobre-me o que quiser, mas necessito que a opere imediatamente, e resolva-me este problema!" A minha amiga abre o guarda-roupas do seu quarto, e vejo logo um frasco de vidro, com tampa vermelha, com um líquido e um bebé completamente formado, ali naquele frasco! Nunca esquecerei! Em cima da tampa do frasco, a caixa com a pílula anticoncepcional! Imaginem...

Vejam como o pecado põe uma pessoa doente, e uma mãe que fica espiritualmente doente, cega, ao ponto de levar a filha a abortar, e ainda por cima mandar colocar o bebé num frasco, para que nunca mais se esquecesse de tomar a pílula, e colocou aquele frasco no guarda-roupas, de forma que, apenas abrisse a porta, visse logo aquele frasco macabro, e sobre a tampa, a caixinha com a pílula. Simplesmente macabro e doentio! É o que o demônio faz, quando lhe abrimos a porta com o pecado, e não o limpamos na Confissão! Quando perguntei à minha amiga se não lhe doeu, e se não estava triste, ela respondeu ironicamente: mas, porque havia de estar triste? Pelo contrário, ainda bem, que me livraram desse problema!

Mas era mentira, porque ela nunca mais voltou a ser a mesma! Pouco tempo depois, entrou em depressão! Uma depressão terrível! Depois começou a consumir LSD, e claro, que, como eu era a sua melhor amiga, ofereceu-me, mas eu assustei-me, por um lado apetecia-me provar, porque ela dizia que a droga fazia sentir-se muito bem, que parecia estar flutuando, que parecia estar nas nuvens, e tantas outras coisas boas me dizia, que me apeteceu provar, mas não pude! Fiquei assustada e disse-lhe que não, porque podia ficar cheirando a isso, e a minha mãe descobrir, porque tinha um olfato apuradíssimo, e que me matava, se descobrisse.

    O fato é que não provei! O Senhor mostrava-me agora, que não foi pelo medo da minha mãe que não provei, mas sim a Graça de Deus, por ter uma mãe que rezava, e a sua oração com o Rosário sustentava-me e não me deixava descer tão baixo.

    Mas as minhas amigas não gostaram, discutiram comigo, gritaram e ficaram chateadas por eu não ter provado. Mas eu não pude, não pude! Essa foi uma de tantas graças que recebi por ter uma mãe cheia de Deus, que rezava por mim, que vivia unida ao Senhor.

Aos 16 anos perdi a virgindade: e veio o aborto

    Passaram os 13 anos, os 14, 15, e cheguei aos 16. Tristemente, aos 16 anos, conheço e tenho o meu primeiro noivo! Começou a pressão das minhas amigas. Eu era considerada a ovelha negra, por não ter sido deflorada, como elas diziam. Agora que tinha noivo, começava a pressão psicológica! Eu tinha-lhes prometido que quando tivesse um noivo sim, antes não! Agora já não tinha escapatória!

Eu disse à minha amiga Estela: mas, e se eu ficar grávida como tu? Ela responde que não, que não ia acontecer isso, porque agora havia outros métodos, como por exemplo, os preservativos. Porque na época dela só se usavam as pílulas, mas agora eu não ia ter problemas. Disse-me que ia me dar 5 pílulas para tomar todas no mesmo dia e que usássemos os preservativos, que ia ver que não me acontecia nada.

Eu sentia-me mal, por ter de cumprir essa promessa, mas não queria ficar mal com elas.

Olhem, que quando aconteceu... vi que a minha mãe tinha razão, quando dizia que uma menina que perde a virgindade, apaga-se. Eu sentia isso, que algo se apagou em mim, como se tivesse perdido algo, que não voltaria a recuperar. Foi essa a sensação que ficou, e também uma tristeza enorme. Não sei porque é que dizem que o sexo é bom! Não sei porque os jovens dizem gostar tanto! Eu acho que não é bem assim! No meu país, Colômbia, vê-se na televisão, tanta publicidade, que fala e incentiva à sexualidade segura, com preservativo. Que desfrutem a sexualidade. Eu sinto tanta tristeza, quando vejo isto! Se soubessem! Se soubessem...

Olhem que, no meu caso, eu senti-me muito triste, e sentia um medo tremendo de chegar em casa, e a minha mãe notasse! Eu nunca mais olhei para a minha mãe nos olhos, com receio que ela visse nos meus olhos o que eu tinha feito! Sentia-me furiosa e até revoltada, comigo mesma, e com as minhas amigas, por ter sido débil, e ter feito algo, que não desejava, e fazê-lo, só para lhes fazer a vontade. Mas sabem que, apesar dos conselhos da minha amiga Estela, e com todos os cuidados, na minha primeira relação, fiquei grávida!

Imaginem o susto de uma menina com 16 anos! Grávida? - Chora. Comecei a notar muitas mudanças no meu corpo. No meio do medo, também comecei a sentir ternura por esse bebê que tinha dentro de mim!

Falei com o meu noivo, e contei-lhe. Ficou surpreendido. Eu esperava que me dissesse que nos casássemos! Eu tinha 16 anos e ele 17. Mas ele disse que não íamos estragar a nossa vida, que eu tinha que abortar!

E lá vou eu, preocupadíssima, triste, muito triste, com a minha amiga Estela. Ela disse-me: não te preocupes! Isso não é nada! Lembra-te que eu já passei por isso várias vezes! Fiquei um pouco triste a primeira vez, a segunda já foi mais fácil, e a terceira já não se sente nada com o aborto! Eu disse-lhe: mas tu imaginas quando eu chegar em casa, e a minha mãe vir semelhante ferida? Vai matar-me!

Ela diz-me: não te preocupes porque, agora, já não fazem essa ferida tão grande. Aquela vez que viste aquele corte, tão grande, foi porque o bebê já estava muito grande, mas agora não! No teu caso, não te preocupes, porque está pequenininho! Não te vai acontecer nada, a tua mãe nem vai perceber!

Ó irmãos que tristeza! Que dor tão grande! Como o demônio nos faz ver as coisas! Como se não fosse nada, como se fosse algo sem importância! Como se um aborto provocado fosse o mais natural do mundo! Que até é uma estupidez sentir-se mal! Que o sexo é para desfrutar, sem remorsos, sem culpas! Mas sabem por que é que o maligno faz isso? Porque leva as pessoas a isso? Porque, entre outras razões, precisa de sacrifícios humanos, porque, com cada aborto provocado, satanás adquire mais e mais poder.

Ninguém pode imaginar o susto, o medo, e a sensação de culpa quando cheguei a esse hospital, bem longe da minha casa, para fazer um aborto! O médico anestesiou-me. Mas quando acordei, nunca mais fui a mesma! Mataram aquele bebê, e eu morri com ele - Chora.

Sabem, o Senhor mostrou-me no Livro da Vida, aquilo que não vemos com os olhos da carne, aquilo que aconteceu, quando o médico me fez o aborto. Eu vi o médico que, com uma espécie de tenaz, agarra o bebê, e parte-o em pedaços. Esse bebê grita, com tanta, tanta força! Nem que tenha só um minuto de fecundação, já é uma alma adulta. Podem usar a pílula do dia seguinte, ou qualquer outra forma, mas estão a matar um bebê com uma alma adulta, completamente formada, porque a alma não cresce como o corpo, mas é criada por Deus, no mesmo instante em que se encontra o espermatozóide com o óvulo, nesse segundo! Porque no Livro da Vida, vi como a nossa alma, imediatamente após se tocarem as duas células, forma uma faísca de luz formosíssima, e essa luz aparece ser como um sol, tirado do Sol de Deus Pai. Num segundo, a alma criada por Deus, é adulta, madura, plena e à imagem e semelhança de Deus! Aquele bebê está submergido no Espírito Santo, que sai do Coração de Deus!

O ventre de uma mãe, após ser fecundado, ilumina-se de imediato com o brilho dessa alma, e da comunhão de DEUS com essa alma. Quando lhe arrancam esse bebê... essa vida... Eu vi como o SENHOR ESTREMECIA, quando Lhe arrancam essa alma das mãos . Quando matam aquele bebê, ele grita tanto, que todo o céu estremece! Eu vi, no meu caso, quando matei o meu bebê, ouvi-o gritar tanto, e tão forte! Vi também Jesus na Cruz a gritar, a sofrer, por essa alma, e por cada alma que é abortada! O Senhor grita na cruz, com tanta dor... tanta dor!!!... Se vocês vissem, ninguém teria coragem... de provocar um aborto... - Chora.

Agora, pergunto-vos... quantos abortos há no mundo? Num dia? Num mês? Imaginam a dimensão do nosso pecado? A dor, o sofrimento, que provocamos ao nosso Deus, e quanto é misericordioso, quanto nos ama, apesar da monstruosidade dos nossos pecados! O sofrimento, que causamos a nós próprios, e como o mal toma posse da nossa vida!

É o pecado mais grave, o mais terrível de todos!

Cada vez que o sangue de um bebê se derrama é um holocausto a satanás e ele fica com mais e mais poder. E essa alma grita. Mais uma vez, repito-vos, essa alma é madura e adulta, mesmo que não tenha olhos, nem carne, nem mesmo um corpo formado, mas já tem uma alma completamente adulta. E esse grito tão grande, quando a estão a assassinar, faz estremecer todo o Céu. Mas, pelo contrário, é um grito de júbilo, de triunfo no inferno.

A única comparação que me vem à mente, é como na final de um mundial de futebol, aquela euforia toda, mas como se fosse um estádio enorme, imenso até perder de vista pela sua grandeza, cheio de demônios gritando como loucos, o seu triunfo.

Eles, os demônios, jogavam em cima de mim esse sangue, desses bebês que eu matei ou contribuí para isso, e a minha alma branca ficou negra, absolutamente toda negra.

Depois dos abortos eu pensei que já não tinha mais pecados. Mas o mais triste foi ver que JESUS me mostrava, como eu também tinha matado no meu planejamento familiar, sabem porquê? Eu usava o «T» de cobre para não engravidar. Desde os 16 anos usei esse método anticonceptivo, até ao dia em que me caiu o raio! Só quando queria engravidar, depois de casada, o tirava, para logo que pudesse o voltar a colocar.

Quero dizer a todas as mulheres, que usam esses métodos, esses dispositivos intra-uterinos, que sim, provocam abortos! Sei que muitas mulheres, já aconteceu o mesmo a mim, que no nosso período menstrual, muitas vezes vemos uns coágulos grandes e sentimos dores mais fortes do que o normal. Vamos ao médico, e ele não dá muita importância, receita uns analgésicos, e se as dores forem muito fortes, umas injeções, dizendo que não nos preocupemos, que é normal, porque é um corpo estranho, que está ali, mas que não há problema nenhum.

Sabem o que isso é?... São micro - abortos!!! Sim! Micro - abortos! Os dispositivos intra-uterinos provocam micro - abortos, porque logo que se une o espermatozóide e o óvulo, como já lhes disse anteriormente, desde esse momento, forma-se uma alma, que não precisa crescer, porque já é adulta. O que acontece, é que, os dispositivos intra-uterinos, não deixam o óvulo fecundado implantar-se no útero, e morre. É expulsa aquela alma! Por isso, são micro - abortos. UM MICRO - ABORTO É UMA ALMA ADULTA, COMPLETAMENTE FORMADA, A QUEM NÃO FOI PERMITIDO VIVER. Foi muito doloroso ver, quantos bebês tinham sido fecundados, mas tinham explodido. Esses sóis, essas faíscas divinas não se podiam agarrar por causa do «T» de cobre. E os gritos desses bebês desgarrando-se das mãos de Deus Pai, quando não se podiam implantar!!! É espantosamente horrível de ver!...

Mas o pior, é que não podia dizer que não sabia!

Eu, quando ia à Missa, não prestava atenção ao que o padre dizia. Nem ouvia, e se alguém me perguntasse qual foi o Evangelho, eu não sabia. Sabem que, até na Missa, os demônios estão presentes, para nos distrair, para nos fazer adormecer, para não nos deixar ouvir nada?

Pois eu, numa dessas missas em que estava completamente distraída, o meu anjo da guarda deu-me uma sacudidela, e destapou os meus ouvidos, para que eu ouvisse o que dizia o padre naquele momento. E ouvi o padre falar precisamente sobre, os dispositivos intra-uterinos, e dizia que eram abortivos, e que todas as mulheres que estivessem a usar esse método, para o controle da natalidade, estavam abortando.

Que a Igreja defende a vida, e que todo aquele que não defende a vida, não pode comungar! Que todas as mulheres que usassem esse método, não podiam comungar!

Eu ouvi aquilo, e fiquei furiosa contra o padre! Mas o que estariam a pensar estes padres! Com que direito?! Por isso é que a Igreja não avança! É por estas e outras que as igrejas estão vazias! Claro, porque não estão com a ciência! Quem pensam que são estes padres? Por acaso vão dar de comer, a todos os filhos que vamos ter?

Eu saí furiosa da igreja a resmungar!

O fato é que, no meu julgamento diante de Deus, não pude dizer que não sabia! Porque, apesar de ouvir aquelas palavras do sacerdote, não fiz caso e continuei a usar esse mesmo método!

Quantos bebês mataram? Por isso vivia tão deprimida, porque o meu ventre, em vez de ser Fonte de Vida, transformou-se num cemitério, num lugar de matar bebês! Imaginem, que a própria mãe, a quem Deus deu o dom tão grande de dar a vida, de cuidar o seu filho, protegê-lo, contra tudo e todos, aquela mesma mãe, com todos esses dons, mata o seu filhinho!...

O demônio tem levado a humanidade, com a sua estratégia maligna, a matar os nossos filhos.

Agora compreendo, porque razão vivia continuamente amargurada, deprimida, com mau humor, mal-educada, com mau feitio, sempre de cara má, frustrada com tudo e todos. Claro, tinha-me transformado, sem saber, numa máquina de matar bebês, e isso afundava-me mais e mais no abismo. O aborto é o pior de todos os pecados - o provocado, não o espontâneo - porque matar os filhos ainda no ventre da mãe, matar um bebezinho inocente e indefeso, é dar a liderança a satanás, O demônio lidera do fundo do abismo porque estamos a derramar sangue inocente! Um bebê é como um cordeiro inocente e sem mancha! E quem é o Cordeiro sem mancha? É Jesus! Nesse momento aquele bebê é a imagem e semelhança de Jesus! Isso faz uma ligação tão profunda com as trevas, ao ser a própria mãe a matar esse bebê, que faz com que saiam mais demônios do inferno, para destruir e destroçar a humanidade. Abrem-se como... uns «selos», uns selos que DEUS tinha colocado para o mal não sair, mas, por cada aborto, abrem-se esses selos, e saem como que umas larvas horríveis, que são mais e mais demônios, que vão saindo, para seguir e perseguir a humanidade e a seguir, fazer-nos escravos da carne, do pecado, e de todas as coisas más, que vemos e que se verão cada vez mais. É como se déssemos a chave do inferno aos demônios, para que saiam. E vão saindo mais e mais demônios, de prostituição, de aberrações sexuais, de satanismo, de ateísmo, de suicídio, de insensibilidade e de todos os males que vemos à nossa volta. E o mundo vai ficando cada dia pior... olhem quantos bebês se matam todos os dias! Esse é um triunfo do maligno! Saibam que, por esse preço de sangue inocente, são mais e mais demônios fora do inferno, soltos entre nós! Reparem!... Nós pecamos, mesmo sem saber! E a nossa vida vai-se transformando num inferno, com problemas de todo o tipo, com doenças, com tantos males que nos afligem, e que é pura e simplesmente, a ação do demônio na nossa vida. Mas somos nós, e só nós, que abrimos a porta ao mal, com o nosso pecado, e permitimos que circule livremente na nossa vida. Não é só com o aborto que pecamos! Mas é dos pecados mais graves! E depois, temos o descaramento de culpar a DEUS por tanta miséria, tanta desgraça, tanta doença e tanto sofrimento!

Mas Deus, na Sua Infinita Bondade, ainda nos dá o sacramento da penitência, e temos a oportunidade de nos arrependermos e de lavar o nosso pecado na Confissão, e romper os laços que nos unem a satanás, e a sua influência na nossa vida. Dessa forma, podemos lavar a nossa alma. Mas, no meu caso, não o fiz!

Nem só tirando a vida matamos: OS MAUS CONSELHOS

Quantos de nós, já matamos espiritualmente também?! Quantos de nós se preocupam para que os seus filhos tenham vestuário, comam adequadamente, tenham estudos, se estão doentes... e, se assim é, corremos para o médico preocupadíssimos. Mas, quantos de nós, muitas vezes, matamos os nossos filhos? Os nossos filhos estão tristes, ou cheios de raiva, ou amargurados, porque não têm o pai ou a mãe a seu lado? Quando não têm o amor dos pais. Imaginem uma mulher que se apresenta na igreja, por exemplo, e diz: obrigado, meu Deus, por esses filhos tão bons que me deste, são tão bons, tão bons que desde que o pai me deixou, odeiam seu pai e só querem a mim!

Sabem o que ela fez?

Matou esses filhos, espiritualmente. Porque odiar é matar! Quantas vezes, envenenamos os nossos filhos?! Vocês não imaginam quanto dói a Deus indispor, envenenar, os filhos contra o pai, ou contra a mãe! Deus não permite isso!

Por isso quantos filhos mortos carregamos nós?

Jesus mostrou-me que eu era uma assassina espantosa, porque não só pequei, quando abortei, como financiei muitos abortos, também. O poder que o dinheiro me deu! Fez-me cúmplice! Porque eu dizia: a mulher tem o direito de ficar grávida ou não!... Vi o livro da minha vida, doeu-me tanto, tanto ver!... Anos mais tarde e já adulta eu!... Uma menina de 14 anos, minha sobrinha. - Quando temos veneno dentro de nós, não damos aos outros nada de bom, e todos aqueles que se aproximam de nós, estragam-se. Umas meninas, 3 sobrinhas minhas e a namorada de um sobrinho, iam muito a minha casa. Como eu era a que tinha dinheiro, convidava-as, e falava-lhes de moda, de «glamour» e de como exibir o seu corpo, para serem atraentes, e aconselhava-as. VEJAM COMO EU AS PROSTITUÍA. Prostituí menores, esse foi outro pecado espantoso, depois do aborto. Eu prostituí-as, porque, eu aconselhava-as, dizendo-lhes: não sejam burras, meninas, não façam caso das vossas mães, que vos falam de castidade e de virgindade, elas estão passadas de moda. Elas falam da Bíblia, que tem mais de 2000 anos e além disso, esses padres, que não querem modernizar-se, falam-vos do que diz o Papa, mas esse Papa está passado de moda. Imaginem, o veneno que eu ensinei a essas meninas. Que elas podiam desfrutar do seu corpo, só tinham de ter cuidado para não engravidar. E eu ensinei-lhes com que método.

Essa menina de 14 anos era namorada do meu sobrinho - Jesus mostrou-me - chegou um dia ao meu consultório a chorar muito e a dizer: Glória, sou um bebê, sou um bebê e estou grávida! Eu quase lhe grito: burra! Não te ensinei como fazer?! Mas ela diz: sim, sim, mas não funcionou!

Sabem naquele momento o que DEUS queria de mim? Era que eu apoiasse aquela menina, para que não caísse no abismo, para não abortar. Porque o aborto é uma corrente, que pesa tanto... que arrasta, que maltrata, porque sempre sentirás essa dor e esse vazio, de teres sido a assassina do teu próprio filho. O pior para essa menina, é que eu em vez de lhe falar de JESUS e ajudá-la, reconfortando-a, apoiando-a, não!... Dei-lhe dinheiro, para que fosse abortar! Isso sim, num lugar bom, para não ficar prejudicada fisicamente, mas ficou emocionalmente, e para toda a vida.

Assim, como esse, patrocinei tantos outros. Mas eu ainda tinha o descaramento de dizer que não matava, que era boa, e que era católica, que não era justo, não podia estar naquele lugar horrível! ...

Além disso, também, cada pessoa que me caía mal, eu as odiava e detestava e falava mal delas. Eu era falsa, hipócrita, e também era uma assassina, porque não é só com uma arma que se mata uma pessoa, também odiar, caluniar, invejar, gozar, fazer-lhe mal, também é matar!

Reparar o nosso pecado: reparar o aborto

Como já vos disse o aborto é o pecado mais grave aos olhos de Deus. Muita gente me pergunta, como reparar o aborto. Porque não podemos devolver a vida ao bebê, mas na Igreja Católica temos uma bênção tão grande! O SACRAMENTO DA PENITÊNCIA, porque na Confissão Deus perdoa-nos, e o que o sacerdote desliga na terra, fica desligado no Céu. Glória a Deus por isso! Bendito seja o Nosso Deus pela Sua bondade! O Senhor perdoa-nos, mas lembrem-se daquilo que Jesus disse à mulher adúltera, que fosse em paz, mas não voltasse a pecar! VAI E NÃO PEQUES MAIS.

Outro ato de reparação e de desagravo é o "Batismo de Intenção". Batizar os bebês, como o sacerdote fez hoje, nesta celebração -o sacerdote nesta Celebração Eucarística, batizou as crianças abortadas, com o Batismo de Intenção - e esses bebês saem do Limbo. Vejam a sabedoria da Igreja Católica! Esses bebês, vão para a glória de Deus! São agora Anjinhos, que estão a rezar e a interceder pela nossa salvação. Vejam essa beleza, essa «economia» de Deus! Vejam como Deus transforma tudo, para o nosso bem! Nada se perde! E quando um homem, ou uma mulher evangeliza sobre o aborto, e se um bebê se salva, isso também é reparação! Quando uma mulher aborta, além de pedir perdão a Deus na Confissão ao sacerdote, e não voltar a abortar nunca mais, se, ainda, ajudar a evitar outros abortos, noutras mulheres, está a reparar o seu pecado, enormemente! Isso é reparação!

A minha falta de Amor a Deus

A minha relação com Deus era muito triste. Para mim, Deus era Aquele que eu só procurava quando tinha problemas. Muitas vezes, quando isso acontecia, ia a correr pedir-Lhe ajuda. Quase sempre, por problemas econômicos! Era uma relação totalmente econômica, a minha relação com Deus!

Era do tipo Caixa Eletrônico! Eu colocava a oração e o pedido, para que Deus me mandasse o dinheiro! Eu queria que Deus me amasse, e me desse tudo, mas tudo, à minha maneira; e que ninguém me dissesse que, o que estava a fazer era pecado, porque não gostava. O demônio anestesiou-me a consciência! Muitas vezes, quando saía da igreja, quando estava com dificuldades econômicas, passava em frente a uma imagem do Menino Jesus, que havia na igreja, eu tocava na mão do Menino Jesus, e dizia: ouve-me! Dá-me dinheiro, que estou precisando!

Como alguns fazem com Buda, que lhe esfregam a barriga, dizendo que lhes dê dinheiro! Assim fazia eu com o Menino Jesus! Imaginem o meu descaramento! Que falta de respeito tão grande! E o Senhor mostrou-me, como Lhe doeu, o meu desamor, e a minha falta de respeito! Tanta dor e vergonha sentia agora! E o dinheiro chegava, sim, mas desaparecia logo.

Era como se, quanto mais depressa chegava, mais depressa ficava sem nada! Eu estava ficando numa situação econômica cada vez pior!

Nessa altura, uma senhora contou-me que passou por uma situação parecida, mas que foi ter com um pastor, que alguém lhe tinha recomendado, e tudo melhorou! Eu, logo que ouvi isso, mais rápido que imediatamente, pedi-lhe que me dissesse onde era, porque iria já para lá! Imaginem a minha infidelidade!

E lá vou eu ter com esse pastor, que me fez uma oração com imposição de mãos e fez-me comungar à maneira deles. Imaginem, eu recebia o Corpo e Sangue do Senhor, na minha religião católica. Vou para lá, e fazem-me comungar, como se fosse a primeira vez!

Lá aquelas celebrações eram muito animadas, saltavam, aplaudiam... Eu dizia: "aqueles padres católicos tão parados, aborrecidos, aquelas missas tão cansativas, que até dão sono. Não têm comparação com estas; que nos fazem sentir tão bem, tão alegres! Eles, lá, não acreditam em imagens e dizem que isso de imagens é idolatria."

Por isso, eu já não me ajoelhava diante de um crucifixo, porque era idolatria. Quando eu comecei a frequentar essas igrejas evangélicas, tinha uma vizinha, uma velhinha muito pobre, que vivia frente à minha casa, e eu ajudava-a, dando-lhe dinheiro para pagar a eletricidade, a água e uma ou outra vez, fazia-lhe umas comprinhas, para que ela pudesse comer.

Como poderão imaginar, a velhinha gostava muito de mim!

Mas, quando não temos Deus dentro de nós, até as boas obras ficam sujas, com os nossos pecados.

Quando comecei a frequentar as igrejas evangélicas, eu gostava disso; porque além das celebrações deles serem alegres, eles diziam que "amarravam" os espíritos de ruína e coisas assim.

O fato é que aquela velhinha era católica, mas eu usei a amizade que ela tinha por mim e consegui convencê-la e comecei a destruir a fé dela.

Para resumir: por causa dos conselhos e das idéias que coloquei na cabeça daquela velhinha... morreu sem receber os sacramentos. Ela não quis recebê-los, porque ela já não dava mais importância aos sacramentos.

Vejam como influenciamos aqueles que estão perto de nós!

Quando temos o mal dentro de nós, acabamos por levar os outros conosco para o erro, aqueles que se aproximam de nós. Vejam o que eu fiz com aquela velhinha!

Mas, quando aquele pastor me pediu o dízimo, fiquei furiosa, porque eu, nesse tempo, já estava arruinada, e eles, para completar a minha ruina, ainda me pediam 10% dos meus rendimentos!

Passou-me por completo a emoção do Protestantismo.

6.º Mandamento: Infidelidades

Aqui, eu ainda cheia de soberba, neste Mandamento pensava: aqui não me vão tramar, porque nunca tive nenhum amante, sempre fui fiel!

Depois de casar, nem sequer dei um beijo a outro! Só ao meu marido! Mas quando o SENHOR me mostrou que cada vez que andava com os seios descobertos, com as minhas calças coladas ao corpo, com as roupas que eu usava, mostrava demasiado o meu corpo. Eu, que pensava que aqueles homens me olhavam simplesmente e me admiravam; mas o SENHOR mostrou-me como eles pecavam comigo, porque não era uma admiração como eu pensava, mas sim uma provocação e eles pecavam por minha culpa. Eu tinha entrado no adultério, por exibir o meu corpo. Porque eu não entendia a sensibilidade masculina. Eu julgava que eles pensavam como eu, que olhavam para mim e diziam: que lindo corpo! MAS ELES PECAVAM POR CULPA MINHA. Eu nunca fui infiel por me deitar com outro homem, mas era como se fosse uma prostituta na minha espiritualidade. Além disso, eu pensava em vingar-me do meu marido, se ele me fosse infiel, e aconselhava outras mulheres a fazê-lo, quando descobria que algum marido tinha sido infiel, e aconselhava-as mal. "Não sejas burra! Vinga-te, não perdoes. Faz-te valer! Por isso é que nós mulheres estamos tão submetidas, pisadas pelos homens." Sabem, eu e as minhas amigas, com estes conselhos, conseguimos que uma amiga nossa se separasse. Ela, surpreendeu o marido no escritório quando este beijava a secretária. Nós, com os nossos conselhos, não a deixamos reconciliar-se com o marido, apesar de ele lhe pedir perdão, verdadeiramente arrependido. Ela até queria perdoar, porque o amava; mas nós não a deixamos. Terminaram divorciados, e 2 anos depois, ela casou só no civil com um argentino. Imaginem o que nós fizemos! Quando eu aconselhava desta forma, eu estava dentro do adultério. Eu vi, Jesus mostrou-me como os pecados da carne são espantosos, porque a pessoa condena-se, mesmo que o mundo diga que está bem.

Depois de me casar só tive um homem na minha vida, o meu marido, mas, mesmo assim, os pecados também estão no pensamento, no falar e na ação. Foi muito doloroso ver e com que tristeza, como o pecado e adultério do meu pai nos fez tanto mal: a mim, transformou-me numa ressentida e afundei-me no ressentimento, contra os homens, e os meus irmãos transformaram-se em três fiéis cópias do meu pai. Pensam que são felizes por se acharem muito machos? São mulherengos, bebem e não percebem o mal que fazem aos seus filhos. Por isso, o papai chorava com muito sofrimento, no Purgatório, quando via o resultado do seu pecado e do exemplo que lhes deu.

Condenamo-nos com a promiscuidade; é viver como se fôssemos animais, ratos, cães, etc., aqui e acolá.

Não Roubar

Caluniar também é roubar. Imaginem que eu dizia que nunca tinha roubado. Eu considerava-me honesta, mas roubei a Deus! Sim, roubei a Deus. Eu vim a este mundo para ajudar a construir um mundo melhor, ajudar a estender o Reino dos Céus sobre a Terra. Mas, além de não fazer isso, dei muitos maus conselhos e a muitos prejudiquei. Não soube usar os talentos que Deus me deu. Roubei, claro que roubei! A quantas pessoas roubei o bom-nome, levantando calúnias ou espalhando-as? Vocês não imaginam como são terríveis os pecados da nossa língua; e como se reparam! Como reparar o bom-nome de alguém, depois de se espalhar o boato, ou a calúnia!? Como devolver o bom-nome àquela pessoa?! Isso sim, é muito difícil! Por isso, no Purgatório essas pessoas que prejudicaram alguém, com as suas palavras, sofrem muito. Quase toda a gente usa a língua para criticar, para destruir, para magoar, para arrasar o bom-nome das pessoas. Essas línguas, lá, são causa de grande sofrimento! Essas línguas queimam!!! Como queimam! Vocês não podem imaginar! O SENHOR mostrou-me como nos enganamos, nos julgamentos que fazemos das outras pessoas.

Sabem, que, por exemplo, enquanto nós olhamos com desprezo para uma prostituta, O SENHOR olha para ela com Infinito Amor, com Infinita Misericórdia. Ele vê dentro dela, vê toda a vida dela e vê o que a levou a essa vida. Sabem que, muitas delas, são consequência dos nossos pecados. Até pelo nosso desprezo e falta de amor ao próximo. Alguém estendeu a mão e a sua ajuda a uma prostituta? Ou a alguém que apanharam a roubar? Passamos a vida a julgar e a ver os defeitos dos outros, os seus erros e a condená-las. Mas, pelo menos, quando virmos alguém a fazer algo errado, calemos a nossa boca e dobremos os nossos joelhos e rezemos por essa pessoa. Talvez não possamos fazer nada mais por ela, mas DEUS pode. Não a julguemos, nem critiquemos, porque, se o fizermos, pecamos mais que essa pessoa. Não podemos, de maneira nenhuma, levantar falsos testemunhos ou colaborar para que se espalhem, nem julgar, nem mentir, porque estamos a roubar a paz dessa pessoa. E cuidado, porque a mentira é sempre mentira, não há grandes ou pequenas, verdes ou amarelas ou cor-de-rosa, mentir é sempre grave, e o pai da mentira é satanás.

No meu caso, tanta mentira para quê? A minha vida ficou a descoberto à Luz de Deus. E vocês? Mas saibam que no outro lado, ninguém vai brigar, ninguém vai reclamar. Lá é só a vossa consciência e Deus!

No meu caso, por exemplo, os meus pais estavam ali vendo as minhas mentiras, mas a minha mãe não me denunciou. Só me olhava com infinita ternura. E a minha pior mentira, foi mentir a mim mesma quando dizia que não matava, não roubava, que era boa pessoa, que não tinha feito nenhum mal a ninguém, e que Deus não existia; e que ia para o Céu, assim mesmo! Que vergonha tão grande, a que sentia agora!

O SENHOR continuou a mostrar-me que, enquanto na minha casa se desperdiçava comida, noutras casas do mundo havia fome, e disse-me: olha, Eu tinha fome e olha o que tu fizeste com o que EU te dei, desperdiçaste. EU tinha frio, e olha o que tu fizeste, escravizada às modas, ou que dirão, às aparências, às roupas caras de marca, e às jóias, gastando 150.000 pesos, em cada injeção, para estar delgada, escravizada ao teu corpo, e fizeste um deus do teu corpo. Olha quantos não tinham que vestir, ou que comer, quantos não tinham com que pagar as suas contas, e mostrou-me a fome dos meus irmãos, e, como eu também era responsável pela fome e as condições, em que estava o meu país e o mundo... porque todos somos responsáveis! Mostrou-me como eu tinha a ver com tudo isto, porque quando eu tinha falado mal de alguém, essa pessoa tinha perdido o seu trabalho e o sustento da sua família e tinha-lhe roubado a honra e o bom-nome. E como o devolveria depois, esse bom-nome?! Mostrou-me que era mais fácil devolver dinheiro roubado, porque podia devolver e reparava esse pecado. Mas, depois de roubar o bom-nome de uma pessoa, depois da calúnia já estar espalhada, quem pode devolver o bom-nome dessa pessoa?

Tanto mal se faz a essa pessoa a nível de trabalho, ou na relação com as outras pessoas! Matrimônios destroem-se! Tanto mal! Tanto Mal!

Privar os filhos da atenção de mãe

Também roubava aos meus filhos a graça de terem uma mãe em casa, uma mãe terna, meiga, que os amasse e acompanhasse! Mas não! A mãe na rua, os meninos sós, com o «papai» televisão e «mamãe» computador, e «jogos de vídeo», e achava-me a mamãe perfeita. Eu saia às 5 horas da manhã e só regressava às 11 horas da noite. E para ficar bem com a minha consciência; dava-lhes roupas de marca, e tudo o que aqueles meninos queriam.

Eu fiquei horrizada, quando vi a minha mãe a interrogar-se... no que tinha errado, e o que devia ter feito e não fez, com respeito à minha educação! Ela foi uma santa mulher que nos dava e nos semeava os princípios no SENHOR, e o meu pai, foi um homem bom para conosco.

Eu disse para mim mesma: que será de mim, que nem sequer fiz nada assim, nem parecido, pelos meus filhos? Fiquei horrorizada, e perguntava-me: como será, quando Deus me julgar, com respeito aos meus filhos? Que espanto! Que dor tão grande! Eu roubara a paz aos meus filhos, agora via isso no Livro da Vida. Senti uma vergonha tão grande! Porque no Livro da Vida vemos tudo, toda a vida como um filme. E quando vejo os meus filhos a dizer: oxalá que minha mãe demore mais a chegar! Oxalá haja muito trânsito e chegue mais tarde! Porque ela é muito cansativa, aborrecida e quando chega está sempre resmungando e gritando todo o dia! Que tristeza, irmãos! Uma criança de três anos e outra mais grandinha a dizer isso. Oxalá a mamãe não chegasse! Eu roubei a estes meninos uma mãe, roubei-lhes a paz que devia dar em casa, não fiz com que conhecessem DEUS, através de mim, e amassem o próximo. Mas não, nada!... Não podia dar aquilo que não tinha! Eu não amava ao próximo. Se eu não amo o próximo, também não tenho amor para com o SENHOR. Porque DEUS É AMOR...

Levantar falsos testemunhos

Também é roubar, mentir. Nisso, eu era esperta, sabem? Porque satanás tornou-se meu pai. Porque tu podes ter Deus por Pai ou satanás, como pai. Se DEUS é amor e eu era ódio, quem era o meu pai? Se DEUS me fala de perdão e de amor aos que me fazem mal, mas eu dizia, que quem mais faz, mais paga, era vingativa, era mentirosa, e se satanás é o pai da mentira, então quem era o meu pai? As mentiras, são mentiras, e satanás é o pai.

São terríveis os pecados da língua! Eu via quanto mal tinha feito com a minha língua, quando criticava, quando gozava alguém, quando apelidava alguém.

E como se sentia essa pessoa, como lhe doía aquele apelido que lhe pus, criando um complexo de inferioridade tão grande, a ponto de a destruir! Por exemplo: uma pessoa gorda a quem chamei gorda, fazendo-a sofrer, e como essa palavra terminou numa ação destrutiva!

O caso da menina gorda

Quando eu tinha 13 anos, havia o grupo das amigas que para mim era um orgulho pertencer-lhe, era um grupinho de meninas finas e espertas. O Senhor mostrou-me como esse grupinho de espertalhonas, «mataram» espiritualmente uma menina na escola. Havia na escola uma menina gorda, obesa. As minhas amigas começaram a atacá-la e gozá-la, chamavam-lhe nomes feios, como foca, elefanta e outros. Gozávamos com ela. Eu como não queria ficar mal com as minhas amigas, fazia o mesmo, para ficar bem com elas. Agora, no Livro da Vida, vejo como essa menina ficava cada dia com mais complexos, pela sua gordura. Ela olhava-se ao espelho e, cada vez que se via a si própria, era mais e mais feia. O fato é que começou a odiar-nos e a odiar-se a si própria, e, quanto mais ela se via, mais se odeia. E o ódio é morte, é morte da alma. Essa menina nesse desespero, pela gordura, um dia tomou um frasco de iodo! Tomou um frasco de iodo para ver se emagrecia! Mas sabem o que aconteceu? Sabem como ficou, por causa do iodo? Quase cega! Apanhou uma forte intoxicação, e quase ficou cega! Por isso, não voltou à escola! A nós nunca nos importou saber! Nunca mais apareceu e não nos importou saber porquê!

Por isso digo-lhes, irmãos, que os pecados de comunidade são muito graves, gravíssimos. Porque esses pecados de comunidade, também são nossos! O pecado dessa menina, também foi nosso pecado. O pecado da comunidade, também é o teu pecado, porque não fizeste nada para evitá-lo! E não é só o pecado individual, mas também o da humanidade, pelo qual não fizeste nada, para mudar isso.

O poder da palavra: quando destruímos aquela menina, pondo-lhe apelidos, o demônio entrou e destruiu-a, e ela pode destruir outros com o seu ódio, e assim vão se formando as correntes do mal. Onde há ódio, o maligno está aí. Essa foi uma visão de como matamos uma companheira de escola. Matamos a sua alma!

Sobrinha queimada

Vinte anos mais tarde... eu tinha uma sobrinha muito linda, ensinava-a, aconselhava-a como vestir-se, como realçar o seu corpo, maquiagem, etc. Um dia ela queimou-se gravemente, em mais de 70% do seu corpo. Só o rosto não se queimou. Mas era muito grave, podia morrer.

Eu fiquei furiosa, fiquei furiosa com Deus, fui à capela e disse: Deus, se existes, prova-me! Prova-me, mostra-me que existes, salva-a! Imaginem que soberba a minha! Sabem? A minha sobrinha salvou-se. Mas ficou totalmente queimada, com marcas graves. As mãos ficaram tortas, uma tristeza! Nessa altura, eu já tinha dinheiro, e levava-a a passear, às vezes levava-a à piscina. Mas, quando a metia na piscina, toda a gente saia protestando, e diziam: que nojo! Não sei porque saem de casa com essa criatura! Vêm para aqui, estragar-nos as férias!

Isto, diziam as pessoas que a viam! As pessoas são más, perversas, egoístas, quando falam assim! Quando olham a desgraça dos outros. Desta forma, a minha sobrinha, começou a não querer sair de casa. Chegou até a ter medo das pessoas! Ela começou mesmo a odiar as pessoas! - Chora.

O Senhor mostra-nos a cada um de nós, quando gozamos de um irmão sem uma gota de compaixão. Que direito temos de fazer alguém sofrer, pondo apelidos, e chamando nomes feios, sem saber o que esta pessoa está sentindo? Que direito tens de ser tão cruel? Deus vai-te mostrar quantas pessoas assassinaste só com uma palavra! Vais ver, o poder terrível que tem a palavra para assassinar almas.

Mas sabem que se eu for frente ao Santíssimo Sacramento, e pedir a Deus a graça de reparar os meus pecados, Deus estará sarando a minha sobrinha na sua alma? Porque esse Deus é um Deus enamorado e, à medida que fechamos as portas ao mal, vai-nos abrindo as portas das bênçãos. Quando o Senhor me fez o exame dos 10 Mandamentos, mostrou-me como era que eu dizia que adorava e amava a DEUS, com as minhas palavras, mas, ao contrário estava adorando satanás. Criticava tudo e todos, e a todos apontava com o dedo, «a santa Glória»... o SENHOR me mostrou tudo isto, quando eu dizia que amava a DEUS e ao próximo, mas era falsa e muito invejosa...

Mostrou-me, como eu jamais reconheci, nem agradeci, aos meus pais, toda a entrega deles, para me darem uma profissão, e poder triunfar na vida, todo o sacrifício e o esforço que fizeram, mas eu não via isso. Mal eu tive a minha profissão, até eles ficaram inferiores, para mim. Ao ponto de ter vergonha da minha mãe, pela humildade e pobreza dela. Olhem, tudo isto é vergonhoso. DEUS faz-me uma análise de toda a minha vida, à luz dos 10 Mandamentos, mostrou-me como fui eu com o próximo, como fui com DEUS.

Amar ao próximo

Eu nunca, nunca tive amor, nem compaixão pelo próximo, pelos meus irmãos, de fora. Eu nunca pensei sequer, nos doentes, na sua solidão, nas crianças que não têm mãe, nos órfãos, tantas crianças sofrendo, tanto sofrimento... podia dizer: SENHOR, concede-me a graça de ir lá acompanhá-los na sua dor... mas não.

Nada! Jamais o meu coração de pedra se lembrou do sofrimento dos outros. O mais terrível, era que jamais fiz algo, por amor ao próximo!... Por exemplo, eu paguei as compras no supermercado a muita gente, quando não podiam pagar, pessoas necessitadas, mas não dava por amor, eu tinha dinheiro, e não me custava nada. Eu dava, porque era muito agradável que toda a gente visse o gesto, e que dissessem que eu era boa, que eu era uma santa. E como sabia bem manipular, com a necessidade, as pessoas! Eu não dava nada de graça! Então, eu dizia-lhes: eu dou-lhe isto, mas em troca faça-me um favor e vá substituir-me no colégio dos meus filhos, nas reuniões, porque eu não tenho tempo, ou leve-me estas compras ao carro, ou faça-me isto ou aquilo... E assim, a todos manipulava, para pedir algum favor em troca; nunca, nunca porque essa pessoa precisava. Além disso, adorava que andasse um monte de pessoas atrás de mim, a falar da boa e generosa, e até santa, que eu era, porque havia pessoas que até diziam isso, e sabia-me bem! JESUS fez-me esse exame dos 10 Mandamentos, e eu vi, como da cobiça, saíam todos os meus males. Esse desejo que eu tinha, porque pensava que seria feliz se tivesse muito dinheiro, fiquei obcecada, para ter dinheiro, muito dinheiro. Pena, que, quando tive muito dinheiro, foi o pior momento que viveu a minha alma, ao ponto de querer suicidar-me, e como apesar de ter tanto dinheiro, sentia-me só, vazia, amargurada, frustrada. Essa cobiça, esse desejar ter dinheiro, foi o caminho que me levou pela mão do maligno a extraviar-me e a soltar-me da mão do SENHOR. E o Senhor disse-me: é que tu tinhas um deus, e esse deus era o dinheiro e por ele te condenaste. Por ele, afundaste-te no abismo e afastaste-te do teu SENHOR.

Quando me diz «deus dinheiro»... nós, sim, tínhamos chegado a ter muito dinheiro, mas agora estávamos quebrados, endividadíssimos, e tinha-se-nos acabado o dinheiro. Eu grito: mas qual dinheiro?! O que eu deixei na terra, foram muitas dívidas!...

Sabem, no meu exame dos 10 Mandamentos, não passei em nada! Terrível!!! Que espanto!!! Vivi um verdadeiro caos! Mas como?! Eu?! Eu nunca tinha assassinado! Não fazia mal a ninguém?! Isso era o que eu pensava. Mas, sim tinha matado tanta gente!

Até aqui, falei dos 10 Mandamentos e porque me abriu O Livro da Vida. Ai!... Que beleza!... Vemos a nossa vida, desde o momento da nossa fecundação.

O Livro da Vida

Depois dos 10 Mandamentos, O SENHOR mostrou-me o **«Livro da Vida»**. Eu gostaria de ter palavras para descrevê-lo. Que beleza! Vemos toda a nossa vida, os nossos atos, as consequências desses atos, bons ou maus, em nós e nos outros. Os nossos sentimentos e pensamentos, os sentimentos e pensamentos nos outros. Tudo como num filme.

Começa no momento da fecundação, vemos a nossa vida, desde esse momento, e desde aí pela mão de DEUS vamos ver a nossa vida. No momento da nossa fecundação houve uma faísca de luz Divina, é uma explosão belíssima, e formou-se uma alma, que é branca, não como o branco que conhecemos! Digo branco porque é o que mais se parece, mas é tão lindo que é impossível de descrever, com palavras, a beleza, o brilho, aquela alma é tão linda, cheia de luz, formosa, radiante e cheia do Amor de Deus. Um Amor de DEUS impressionante. Não sei se já repararam nos bebês, que muitas vezes, riem-se sós, e emitindo aqueles sons e balbucios. Sabem? Eles estão falando com DEUS. Sim, porque eles estão submergidos no Espírito Santo. Nós também estamos, a diferença é que eles, na sua inocência, sabem desfrutar de Deus e da Sua Presença.

Vocês não imaginam que coisa linda foi, ver o momento em que Deus me criou, no ventre da minha mãe. A minha alma levada pela mão de Deus Pai! Encontro um Deus Pai tão formoso, tão maravilhoso, tão terno, tão meigo e tão carinhoso, que cuida de mim, 24 horas por dia, amou-me, protegeu-me, e sempre me procurou quando me afastava, e com Infinita paciência, e - eu que só via castigo - Ele não era mais que Só Amor, porque ELE olha não a carne, mas sim a alma, e olhava como eu me ia afastando da salvação.

Sabem, a minha mãe tinha 7 anos de casada e ainda não tinha filhos. Mas nesse momento ela estava muito perturbada, pela vida de infidelidade do meu pai; ficou muito preocupada, e muito angustiada quando viu que estava grávida. Chorava muito aflita.

Isso gerou em mim uma angústia tal, que me marcou interiormente de tal forma que eu, pela vida fora, nunca me senti amada pela minha mãe! Mas a minha mãe sempre foi muito carinhosa, e muito bondosa para comigo, sempre me deu amor e carinho, mas eu dizia e insistia, que ela não me amava e vivi sempre com esse complexo. **Para isso, só os sacramentos, são graças de Deus que nos curam.** Quando me batizaram, vocês deveriam ver a festa que houve no céu! É um bebezinho marcado na fronte - um dia vocês verão - é a marca dos filhos de Deus. É um fogo! É o fogo da pertença a JESUS CRISTO. Mas vejo no LIVRO DA VIDA como, desde pequenina, comecei a encher-me das consequências do pecado do meu pai, no matrimônio, dos pecados que comecei a conhecer; como as mentiras dele, as bebedeiras, a infidelidade e o sofrimento da minha mãe. Tudo isso, marcou-me e gerou em mim mau comportamento, maus padrões de conduta, e padrões emocionais que iriam marcar-me e expressar-se ao longo de toda a minha vida.

Os talentos

O Senhor disse-me: que fizeste com os talentos que te dei?...Tu nunca os usaste!...Talentos?!... Eu vinha com uma missão, a missão de defender o Reino do Amor. Mas eu tinha-me esquecido que tinha uma alma, muito menos, que tinha talentos, muito menos ainda, que eu era as Mãos Misericordiosas de DEUS. Também não sabia que todo o bem que tinha deixado de fazer, tinha causado muita dor a Nosso Senhor. Vi os Talentos, tão maravilhosos, que Deus tinha posto na minha vida. Todos nós, irmãos, valemos muito para Deus. ELE ama-nos a todos e a cada um por igual. Todos temos talentos e uma missão neste mundo. Eu vejo o demônio preocupadíssimo que esses talentos, que DEUS pôs em nós, sejam para o Serviço do Senhor.

Sabem o que mais me perguntava o SENHOR? Pela falta de amor e caridade ao próximo, e disse-me: a tua morte espiritual começou quando não te deixaste condoer com o sofrimento, que havia à tua volta... estavas viva, mas morta. Se vissem o que é a morte espiritual! Uma alma que odeia, essa alma é espantosamente terrível, feia, amargurada, e aborrecida, que incomoda e que faz mal a todos. Quando estamos cheios de pecados, é doloroso ver a nossa alma... eu vi a minha alma, por fora e a cheirar muito bem, com perfumes caros, com boa roupa e a alma por dentro cheirando malíssimo, e a viver nos abismos. Com razão, tanta depressão e amargura. O Senhor diz-me: a tua morte espiritual começou quando não te deixaste condoer com os teus irmãos. Era um alerta, quando vias o sofrimento dos teus irmãos em toda a parte, ou quando ouvias nos meios de comunicação, mataram, sequestraram, etc. ... mas tu, de pedra! Só da boca para fora: ai, pobres coitados. Mas não te doía, no coração não sentias nada, tinhas de pedra o coração, o pecado o petrificou.

Vou-lhes contar como o Senhor me mostrou os talentos

Sabem, eu nunca via na televisão as notícias, porque não tinha paciência, para ver tantos mortos, tantas coisas desagradáveis... Eu só via a parte final, que é a parte da fantasia: dietas, signos, poder mental, energias, esse tipo de coisas. São coisas que o demônio usa para desviar-nos, confundir-nos... Agora o Senhor mostrava-me, no Livro da Vida, como na Sua estratégia Divina, um dia atrasou a programação, e eu liguei o televisor e ainda não tinha acabado as notícias, e vi uma camponesa humilde chorando, em cima do cadáver do marido.

Devo dizer-vos, irmãos, que tristemente, o demônio acostuma-nos à dor dos outros, a ver o sofrimento dos outros e a pensar que esse problema não é nosso. Quem está mal que se «vire», porque esse não é problema meu. Sabem, o Senhor mostrou-me como Lhe dói, quando os jornalistas só estão preocupados que a notícia impressione, sem comoverem, só pensam em vender a notícia, sem se preocuparem com o sofrimento, neste caso, daquela mulher! Eu, no momento em que liguei a televisão, vi aquela mulher chorando, senti uma dor intensa pelo sofrimento dela, doeu-me, realmente, aquela camponesa. Era o Senhor que assim o permitia! E eu prestei atenção ao que estavam a dizer, e vi que, onde estava a acontecer isso, era em Venadillo, Tulima, na minha terra natal! Mas, logo a seguir, começou a parte da fantasia, e começaram a falar sobre uma dieta espetacular, e eu esqueci-me por completo da camponesa, porque me interessava mais a dieta. Nunca mais pensei nela!

Quem não esqueceu a camponesa, foi Nosso Senhor! Ele fez com que eu sentisse a dor e o sofrimento daquela camponesa. O Senhor queria que eu ajudasse aquela mulher. Era naquele momento que devia ter usado os talentos que Deus me tinha dado. E o Senhor disse-me: "aquela dor que sentiste por ela, era eu que te estava a gritar que a auxiliasses. Eu fiz com que se atrasassem as notícias, para que tu visses; mas tu não foste capaz de dobrar o joelho, numa oração por ela, nem um minuto! Deixaste-te deslumbrar pela dieta e não te lembraste mais dela!"

O Senhor mostrou-me a situação em que ela estava!

Era uma família de camponeses humildes. Primeiro tinham pedido ao marido, que abandonasse a casa em que viviam. Ao que o marido respondeu que não, que não ia sair dali. Então, mais tarde, vieram uns homens para expulsá-los dali. Quando aquele homem vê um grupo de homens, vêm para expulsá-lo, e vê que vêm armados para matá-lo; eu vi toda a vida daquele homem, eu vi e senti o susto e a angústia dele, vi como correu para esconder os filhinhos e a mulher debaixo de umas coisas, tipo umas panelas enormes, de barro, correr afastando-se dali, mas aqueles homens perseguem-no. Sabem qual foi a última oração dele? "Senhor, cuida da minha mulher e dos meus filhos, encomendo-Tos!" E matam-no! Cai estendido no chão. Quando dispararam, Deus fez-me sentir a dor daquela mulher e daqueles meninos, que não puderam gritar. - Chora. Assim nos mostra Deus a dor que Ele sente, e o sofrimento dos outros. Mas nós, muitas vezes, só nos preocupamos com as nossas coisas, sem nos preocuparmos, nem um pouco, com os nossos irmãos e as suas necessidades! - Segue chorando. Sabem o que o Senhor queria? Queria que eu me ajoelhasse e Lhe pedisse por aquela família, por aquela mulher e aqueles meninos! DEUS ter-me-ia inspirado o que fazer para os ajudar! Sabem o que era?! Caminhar uns passos, ir ter com um sacerdote, que vivia em frente à minha casa e dizer-lhe o que tinha visto na televisão, nas notícias. Esse sacerdote era amigo do pároco, dessa aldeia, Venadillo, Tulima, e tinha uma casa de acolhimento em Bogotá e teria ajudado aquela mulher. Sabem, a primeira coisa, que Deus nos pergunta antes de perguntar pelos nossos pecados? Pergunta-nos pelos pecados de omissão! São tão graves! Vocês não imaginam quanto! Um dia verão, como eu! Esses pecados fazem chorar Deus! O bem que podíamos ter feito e não fizemos! Deus chora, vendo os Seus filhos sofrer, pela nossa falta de compaixão e indiferença pelo próximo, pelo sofrimento de tantos, e nós não fazemos nada por eles! O Senhor vai-nos mostrar, a todos, a consequência do pecado da nossa indiferença, perante o sofrimento dos outros, tanta dor no mundo por isso pela nossa indiferença, desinteresse e coração duro.

E para resumir um pouco, aquela camponesa, vendo-se perseguida, porque a tentam matar também, foge com as crianças e procura ajuda no sacerdote daquela aldeia. O pároco todo aflito, diz-lhe: filha, tens que fugir, porque, se te encontram, vão-te matar!

Ele, apressadamente, faz o que lhe pareceu melhor para ela, muito preocupado mandou-a para Bogotá, deu-lhe algum dinheiro, e algumas cartas de recomendações!

Ela sai correndo, vai com essas cartas, a esses lugares que o padre lhe tinha recomendado, mas não é recebida em nenhum! Sabem onde ela acabou? Sabem quem acabou por ajudar aquela mulher? Aqueles que a colocaram na prostituição!!!

O Senhor ainda me deu outra oportunidade de ajudar aquela mulher, quando, anos mais tarde, vejo aquela camponesa! Um dia, em que tinha que ir ao centro da cidade. Eu, por acaso, detestava ir ao centro, porque é aí que se vê mais miséria, e como eu me sentia superior, não gostava de ver pobreza, miséria, essas coisas. Mas, nesse dia, tive que ir e, quando íamos a passar, o meu filho diz: "ui! Mamãe, porque é que aquela senhora se veste assim e tem aquela saia tão curta?"

Eu respondo: "não olhes para isso, filho! Essas são mulheres desprezíveis, que vendem o corpo por prazer, por dinheiro, são umas prostitutas, umas sujas!"

Imaginem! Com essa forma de falar, e ainda por cima envenenando o meu filho, classifiquei de uma forma tão baixa uma irmã caída nesse caminho, por culpa da indiferença de um povo.

O Senhor disse-me: os indiferentes, são os mornos - tíbios - que eu vomito!

Um indiferente jamais entrará no Céu!

O indiferente é aquele que passa pelo mundo e nada lhe importa, nada lhe interessa, para além da sua casa, dos seus interesses!

«A tua morte espiritual começou, quando deixaste de te importar com o que acontecia aos teus irmãos. Quando só pensavas em ti e no teu bem-estar!»

Que TESOUROS ESPIRITUAIS trazes?

Eu vim a este mundo para ajudar a construir um mundo melhor, e usar os talentos que o Senhor me tinha dado; teria ajudado a estender o Reino dos Céus, sobre a terra.

Mas eu não fiz isso! Pelo contrário!

Quantos maus conselhos eu dei, e quantos, com os meus maus conselhos e maus exemplos, arrastei e arrasei! Nunca soube usar os talentos que DEUS me deu, não os usei nunca!

O SENHOR perguntou-me: "que tesouros espirituais me trazes?"

Tesouros espirituais?! As minhas mãos iam vazias! Então, diz-me o Senhor: de que te servem os dois apartamentos que tinhas, as casas que tinhas, os consultórios, que tu consideras de uma profissional, com muito êxito; por acaso pudeste trazer o pó de um tijolo aqui? De que te serviu tanto culto ao teu corpo, tanto dinheiro que gastaste no teu corpo, tantas preocupações para estar em forma? De que te serviu submetê-lo a tantas dietas que fizeram com que entrasses num estado de anorexia, de bulimia, torturando o teu corpo? Tu fizeste do teu corpo, de ti mesma, um deus! De que te serve tudo isso agora aqui? Davas muitas coisas, é verdade, mas davas para que te agradecessem, para que dissessem que eras boa. A todos manipulavas com o dinheiro, para que em troca te fizessem favores. Diz-me, que trouxeste aqui? Quando te abençoei com a tua ruína, não foi castigo, como tu pensaste, mas sim, uma bênção. Sim, essa ruína era para te despir desse deus, desse deus ao qual tu servias! Era para que voltasses a Mim!

Mas tu levantaste-te em rebeldia, negaste-te a baixar de nível social, e maldizias, escrava desse teu deus dinheiro! Tu pensavas que tinhas conseguido tudo, tu só, à força de pulso e de estudar, porque eras trabalhadora, lutadora. Mas NÃO! Olha quantos profissionais há, em melhor situação acadêmica que tu, quantos profissionais que trabalham tão fortemente ou mais que tu, e olha as suas condições... Mas, a ti muito te foi dado, e como muito se te deu, muito se te pergunta e te é pedido.

Sabem, que por cada grão de arroz que desperdicei, prestei contas a DEUS! Por cada vez que joguei comida no lixo!

No meu LIVRO DA VIDA, vi quando eu era pequena e a minha família era pobre. A minha mãe cozinhava feijões muitas vezes. EU detestava, odiava feijões e dizia: "outra vez esses malditos feijões? Um dia terei tanto dinheiro, que nunca mais voltarei a comer isso." E, vi um dia, que joguei fora os feijões que a minha mãe me tinha servido, sem ela dar por isso, e, quando ela ia sentar-se para comer, viu o meu prato vazio e pensou que eu tinha comido depressa porque tinha muita fome e serviu-me outra vez, ficando ela sem comer. Sabem, o Senhor mostrou-me que quem eu tinha mais perto de mim, nesse tempo, a passar fome muitas vezes, era a minha mãe. Ela, com 7 filhos, muitas vezes ficava com fome, para que nós comêssemos, porque éramos muito pobres. Naquele dia ficou com fome para me dar, sem saber que eu tinha jogado no lixo. Mas acontecia muitas vezes ficar sem comer, também, porque alguém bateu à porta a pedir comida e ela dava aquilo que ia comer. Passava fome, mas nunca se lhe notou, nunca tinha cara de amargura, nem sequer triste, nem nada parecido. Pelo contrário, andava sempre com um sorriso e não se lhe notava nada. Eu já vos contei a jóia que eu era, como filha?! Má, eu chamava o meu pai de «Pedro pica-pedra» - Fred dos Flinstones - e dizia à minha mãe que ela estava passada de moda! Que era uma velha antiquada, e outras coisas desse estilo, chegava ao ponto de negar que ela era minha mãe, por vergonha.

Imaginem!...

Mas vocês não imaginam as graças, as bênçãos que se derramavam para mim e para o mundo, vindas da minha mãe!

Imaginem a graça de ter uma mãe que vai à igreja e, frente ao sacrário, entrega os seus sofrimentos e dores a Jesus, e, além disso, confia! Confia!

E o Senhor dizia-me: "nunca ninguém te amou, nem te amará como a tua mãe!"

Nunca! Ninguém te amará tão ternamente como ela!

Daí para a frente o Senhor mostrava-me, cada vez que eu dava festas - depois da minha vida de pobreza mudar - quando dava aqueles banquetes, aqueles buffets, e metade de toda aquela comida ia para o lixo, sem contemplações.

O Senhor continua: "olha os teus irmãos à tua volta, passando fome!" Quase gritando disse-me: **"EU tinha fome!"**

Vocês não imaginam como dói ao Senhor, a fome, a necessidade e o sofrimento dos seus filhos. Como Lhe dói o nosso egoísmo e falta de caridade para com o nosso próximo.

E continuou a mostrar-me, como na minha casa havia tantas coisas finas, caras. Nessa época, realmente, tinha coisas muito caras na minha casa, roupas muito elegantes, caríssimas. O Senhor disse-me: "eu estava nu, e tu com os armários cheios de roupas caras, que nem usavas..." E vi, quando vivíamos num nível social alto, que se as minhas amigas compravam roupa, eu tinha que comprar melhor, se alguma comprava um bom carro, eu ia comprar um melhor, eu queria sempre algo melhor que elas, porque eu era invejosa.

O Senhor disse-me: "tu sempre foste altiva, comparando-te com pessoas que estavam em melhor situação que tu! Pessoas ricas! Tu nunca mais olhaste para aqueles que estavam mais baixo que tu, economicamente. Quando tu eras pobre, ias a caminho da santidade, porque tu davas até daquilo que te faltava. O Senhor mostrou-me, como lhe agradou, quando a minha mãe, apesar da nossa pobreza, conseguiu comprar-me uns ténis de marca, e eu toda contente, mas encontro um menino descalço na rua, e senti tanta pena dele que tirei os ténis e dei-os àquele menino.

    Cheguei em casa sem os sapatos, e o meu pai quase me mata! E não era para menos! Com aquela pobreza, tanto esforço para poder comprá-los e eu dei-os pelo caminho, assim que mos compraram! Mas o Senhor ficou feliz! Como lhe agradava esse caminho por onde eu ia! Apesar de sermos uma família complicada, e pobre, através da minha mãe, da sua bondade e das suas orações, Deus derramava sobre nós muitas graças e bênçãos.

    O Senhor continuou a mostrar-me que, se eu não me tivesse fechado às graças e ao Espírito Santo e com os talentos que me tinha dado, podia ter ajudado muita gente. Ele foi-me mostrando toda a humanidade, e como nós Lhe vamos responder, por tantas coisas que se passam nos outros, e termos fechado o coração a DEUS e ao ESPÍRITO SANTO e às suas inspirações DIVINAS. E disse-me: Eu ter-te-ia inspirado, tu terias rezado por essas pessoas, e o mal não teria entrado nelas, causando tanto mal.

    Por exemplo: o Senhor mostrou-me uma menina que foi violada pelo pai, e como eu, se não me tivesse fechado ao ESPÍRITO SANTO e às Suas inspirações Divinas, teria rezado por eles, porque O ESPÍRITO SANTO ter-me-ia inspirado para isso, e o maligno não teria entrado naquele pai, ao estar protegido pela oração, e isso não teria acontecido, nem causado tanto sofrimento. Ou aquele jovem, que não se teria suicidado. O Senhor continuou a dizer-me: "se tu tivesses rezado, aquela menina não teria abortado, aquela pessoa não teria morrido sentindo-se tão abandonada por Mim, numa cama de hospital. Se tu tivesses orado, Eu ter-te-ia aconselhado, para que tu começasses a ajudar os teus irmãos. Eu teria te conduzido! Ter-te-ia conduzido a essas pessoas. Tanta dor no mundo e tu podias ter ajudado!"

Foi-me mostrando, quantas pessoas sofrem no mundo e quantas eu poderia ter ajudado. Eu nunca deixei que o Espírito Santo me tocasse, nem nunca me deixei comover pelo sofrimento dos outros. O Senhor disse-me: "olha o sofrimento do meu povo, olha como tu precisaste que Eu ferisse a tua família com o câncer, para que tu te comovesses por aqueles que sofrem de câncer! Tu só te comoveste pelos sequestrados, depois do teu marido ser sequestrado".

O Senhor quase me grita: "mas tu, de pedra!!! Incapaz de sentir amor!"

Para terminar, vou tentar explicar como se vê no «LIVRO DA VIDA»

Eu era muito hipócrita, falsa. Era daquelas pessoas que, por vezes elogiam pela frente, e, pelas costas, fala mal da pessoa, que, pela frente, fala bonito e, por dentro, não sente aquilo que diz, por exemplo: eu elogiava alguém ao dizer-lhe: **«estás linda, que vestido tão lindo, fica-te muito bem»** e por dentro dizia: **«estás nojenta, feia e ainda te achas a rainha!»**, isto no meu pensamento.

Pois no «Livro da Vida» vê-se tudo isso, mas com a diferença de que vemos os pensamentos, também. Todas as minhas mentiras ficaram a descoberto «ao vermelho vivo» e tão vivas, que todos podiam ver.

Quantas vezes escapei da minha mãe, porque não me deixava ir a nenhum lado, quantas mentiras lhe contava: mamãe, tenho um trabalho de grupo na biblioteca, e a minha mãe acreditava na história, e eu me mandava para ver um filme pornográfico, ou ir a um bar tomar cerveja com as minhas amigas. E agora a minha mãe ali assistindo a tudo, no "Livro da Vida", agora nada escapava. Que vergonha senti! Que vergonha! Sabem, na época em que os meus pais eram pobres, e para a merenda, levava para a escola banana e leite, eu comia a banana e atirava a casca para qualquer lado; nunca pensei que alguém pudesse machucar-se por causa dessa casca de banana. Sabem, pois até disso o SENHOR me mostrou as consequências; quem caiu, quem se machucou com essa casca, e como até podia ter morto alguém, com a minha irresponsabilidade e falta de misericórdia.

Vi, com muita dor e vergonha, como só uma vez fiz uma Confissão bem feita, já adulta, e que foi, quando uma senhora me deu 4.500 pesos a mais, num supermercado em Bogotá. Meu pai tinha-nos ensinado que devemos ser honrados e nunca tocar num centavo de ninguém e apercebi-me no carro, quando ia a caminho para o meu consultório, e digo para mim: "olha aquela velha burra, aquela animal, - era assim que eu falava - deu-me 500 pesos a mais, agora tenho que voltar atrás!" Mas olho pelo retrovisor e vejo o trânsito engarrafado e digo: "não! Eu não vou voltar atrás, não vou atrasar-me e perder tempo! Quem a manda ser tão burra!" Mas fiquei com remorso desse dinheiro. Por esse lado o meu pai tinha-nos educado bem; e, no domingo, confessei-me e disse: "padre, acuso-me de ter roubado 500 pesos; não os devolvi, e fiquei com eles!" Nem prestei atenção ao que o padre disse, mas sabem, o maligno não pôde acusar-me de ladra!

Mas o SENHOR disse-me: "essa tua falta de caridade quando não devolveste o dinheiro, embora para ti 500 pesos não fosse nada, para essa mulher era a alimentação de três dias". Sabem, o mais triste é que vi como aquela mulher sofreu e aguentou fome um par de dias, por minha culpa, com os seus dois pequeninos, porque assim me mostrou o SENHOR. **Quando eu faço algo, advêm as consequências dos meus atos, e quem sofreu por eles.**

Porque os nossos atos têm sempre consequências. Aquilo que fazemos, mas também aquilo que não fazemos, traz consequências para nós e para os outros! Todos nós veremos essas consequências no nosso «Livro da Vida».

Quando chegar o momento do vosso comparecimento diante de DEUS, e do vosso julgamento, verão como eu vi. Quando se fechou o meu Livro da Vida, imaginem que tristeza tão grande, imaginem a minha vergonha, quanta dor...

O livro da minha vida fechou-se da forma mais bela.

Apesar de me portar assim, apesar dos meus pecados, apesar da minha imundície, da minha indiferença e dos meus sentimentos horríveis, o SENHOR procurou-me até o último instante: enviava-me sempre instrumentos, pessoas, falava-me, gritava-me, tirava-me coisas, deixou que eu caísse na ruína, para me procurar e para que eu o procurasse.

ELE procurou-me, sempre, até o último instante.

Sabem quem é o nosso Deus e Pai?

É um DEUS poderoso, enamorado, que mendiga a cada um de nós, para nos converter. Mas eu, quando as coisas corriam mal, dizia: «DEUS castigou-me, condenou-me»!

Claro que não! ELE nunca nos condena, porque no meu livre arbítrio, escolhi livremente quem era o meu pai e não foi DEUS. Eu escolhi satanás, como meu pai.

Sabem, quando me caiu aquele raio, levaram-me para um hospital público, antes do hospital do seguro social. Nesse hospital público, havia tantos doentes, tantos feridos, tanto sofrimento, e não havia uma maca disponível onde me pusessem. E quando aqueles que me levavam perguntaram aos médicos onde me punham, eles só diziam: por aí, por aí! Aqueles que me levavam diziam: mas por aí, onde? E eles: por aí, no chão!

Mas não queriam deixar-me no chão, porque, como estava muito queimada, se apanhasse uma infecção, com certeza morreria.

Nessas horas em que eu estive num canto, os médicos olhavam-me com uma cara... É que eles não podiam abdicar de alguém que estava com um enfarto, por exemplo, ou alguém muito grave, mas que tinha mais hipóteses de vida que eu, que estava toda queimada como um torresmo, e o mais provável é que morreria.

Mas eu estava consciente e muito irritada, resmungando, porque os médicos não vinham ter comigo. Mas houve um momento em que estava calma, não estava resmungando, porque vejo Nosso Senhor Jesus Cristo, que Se tinha baixado e estava bem juntinho a mim, tocava na minha cabeça com as Suas Mãos e consolava-me.

Vocês conseguem imaginar isso?!

Conseguem imaginar a ternura?! Eu pensei: será que estou alucinando? Como é possível ver Nosso Senhor aqui?! Fechei os olhos e voltei a abrir e continuava vendo-o ali! Ele disse-me com muita ternura: olha, pequenina, tu vais morrer! Sente-te necessitada da Minha Misericórdia.

Imaginem!... Eu digo: misericórdia! Misericórdia! Mas pensava, ao mesmo tempo: mas porquê? O que é que eu fiz de mal?

Não tinha consciência dos meus erros, mas ficou bem claro para mim que ia morrer, isso sim! E eu fico aflita... Ai!!! Vou morrer!!! Ai... os meus anéis de diamantes! Lembrei-me logo dos meus anéis. Olho e vejo toda a carne dos meus dedos queimada, era como se tivessem explodido.

Mas eu dizia para mim: tenho que tirá-los, custe o que custar! Porque, senão, vão ter que os cortar e perdem o valor. Eu não pensava noutra coisa, via os meus dedos inchando, e só pensava em tirá-los para que não os cortassem!

Vocês não imaginam o cheiro tão desagradável que tem a carne queimada. E, quanto mais eu mexia naqueles anéis, mais cheirava a carne queimada.

Eu sentia que ia desmaiar com as dores, mas insistia e dizia a mim mesma: não! Não e não! Eu consigo! Eu consigo, porque a mim, ninguém me vence, e não me vai ficar gorda esta carne, não senhor!

Eu tiro estes anéis daqui, custe o que custar, não vou morrer com eles. Quando, por fim, consigo tirá-los, de repente lembrei-me: ai!!! Eu vou morrer, e estas enfermeiras vão-me roubar os meus anéis!

Nisto chega o meu cunhado. Eu, toda contente: salvei os meus anéis!!! Entreguei os anéis ao meu cunhado.

Ele é médico, e ainda bem, porque de outra forma não tinha tocado aqueles anéis, tê-los-ia deitado fora e bem longe! Porque estavam queimados e com pedaços de carne grudadas. Eu disse-lhe que os entregasse ao Fernando, meu marido, acrescentando: diz às minhas irmãs que levem os meus filhos porque, coitadinhos, ficarão sem mãe, porque desta não saio! O pior é que eu não estava aproveitando aqueles momentos que Jesus me oferecia para lhe pedir Misericórdia e Perdão. Mas como ia pedir perdão se eu pensava que não tinha pecados? Eu achava-me uma santa! Quando nos sentimos «santos» é que nos condenamos. Eu, quando tirei aqueles anéis e os entreguei ao meu cunhado, para que os entregasse ao meu marido, disse para mim com alívio: já está, agora já posso morrer! E o último pensamento que tive, foi: ai! Com que dinheiro me vão enterrar com aquela conta negativa no banco?...

Deus Pai ama-nos a todos e a cada um de nós, independentemente se somos bons ou maus, e tanto, que até no último momento, vem até nós, com tanta ternura, abraça-nos com todo o Seu Amor. Ele quer salvar-nos, mas, se não O aceitamos, se não Lhe pedimos Perdão e Misericórdia, reconhecendo as nossas culpas, Ele deixa-nos livres para seguir aquilo que escolhemos. Se a nossa vida foi uma vida sem DEUS, muito provavelmente nesse momento não O queremos, e ELE deixa-nos ir. Ele não nos obriga a aceitá-lO.

Assim se fecha o meu LIVRO DA VIDA.

O regresso

Mas quando o meu Livro da Vida se fecha, não imaginam como eu me sentia: eu estava verdadeiramente aterrorizada. Vejo que estou de cabeça para baixo e sinto que vou a um buraco e depois desse, abre-se aquela coisa que parecia uma boca, caio, e, aterrorizada, começo gritando a todos os santos que me salvassem. Vocês não imaginam a quantidade de santos que cheguei a nomear: Santo Ambrósio, Santo Isidoro, Santo Agostinho, etc., nem sabia que eu conhecia tantos, tão má católica eu era! Mas, quando me acabaram os santos, ficou o silêncio... sentia um vazio imenso, uma dor e uma vergonha enormes, e vi que ninguém podia fazer nada por mim! E eu disse para mim mesma: e toda a gente na terra a pensar que eu sou uma santa... a esperar que morresse para pedir uma graça. Para onde vou eu agora? Levantei os olhos e encontrei-me com os olhos da minha mãe. Senti tanta tristeza, uma dor profunda, porque ela quis tanto levar-me para as mãos de Deus. Eu, com muito sofrimento e vergonha, gritei-lhe: mamãe, que vergonha! Condenei-me! Para onde eu vou, não voltarei a ver-te nunca mais!

Mas nesse momento JESUS concede-lhe uma graça muito linda. Ela estava imóvel e Deus permite-lhe mover os dedos apontando para cima, e aponta-me ali, e eu olhei, e quando olho, saltam dos meus olhos umas crostas espantosamente dolorosas. Era a cegueira espiritual que saltou ali, e nesse instante eu vejo, um momento maravilhoso. Um dia, uma paciente no consultório, disse-me: "**Olhe, doutora, eu sinto muita, muita pena, muita tristeza por si. Porque a senhora é demasiado materialista, mas se um dia, em qualquer aflição, ou quando estiver numa situação de perigo, qualquer que seja, peça a JESUS CRISTO que a cure com o Seu Sangue, e peça-Lhe perdão, porque Ele nunca, nunca a vai abandonar, porque ELE pagou o preço do Seu Sangue por si.**"

Eu, com esta vergonha tão grande, com esta dor tão grande, comecei a gritar: **SENHOR! JESUS CRISTO, tem compaixão de mim! Perdoa-me, SENHOR, perdoa-me; dá-me uma segunda oportunidade!**

Foi o momento mais maravilhoso, mais belo! Não tenho palavras para o descrever. Porque JESUS baixou-Se e tirou-me daquele buraco!

Levantou-me e pôs-me numa parte plana! E disse-me, com muito amor: **Sim! Tu vais voltar, e vais ter a tua segunda oportunidade... não pela oração da tua família, porque é normal que chorem e clamem por ti, mas sim pela intercessão de todas as pessoas alheias à tua carne e ao teu sangue que têm chorado, rezado e elevado o seu coração com muito amor por ti.**

Sabem o que vi?

Vi o grande poder da oração de intercessão, irmãos! Sabem como podem estar todos os dias na Presença do Senhor? Rezem todos os dias pelos seus filhos, mas rezem também, pelos filhos das pessoas do mundo inteiro! Rezem pelos outros! Desta forma estarão na Presença de DEUS, todos os dias. Eu vi, como subiam milhares e milhares de chamazinhas de luz, belíssimas, à presença do SENHOR, e eram como pequenas chamas brancas, lindas, cheias de amor.

Eram as orações de muitas, muitas pessoas, que rezavam por mim, que se comoveram, depois de ver o que me tinha acontecido, pela televisão e em todos os jornais, e que rezavam e ofereciam missas. O maior presente que se pode oferecer a alguém, é a Santa Missa.

Não existe nada maior, que possa ajudar alguém, do que a Santa Missa. É também o que mais agrada a DEUS: ver os Seus filhos a interceder pelo seu próximo e a ajudar o seu irmão. A Santa Missa não é obra do homem, mas sim de DEUS. Mas, havia entre aquelas luzinhas, uma luz enorme, belíssima, uma luz muito maior que todas as outras.

Sabem porque estou aqui? Porque voltei?

Porque na minha terra existe um santo.

Eu olhei, com curiosidade, mas, quem seria essa pessoa, que me amava tanto? E o SENHOR diz-me: "essa pessoa que vês ali, é uma pessoa que te ama, muito, e nem sequer te conhece". O Senhor mostrou-me que era um pobre camponês, que vivia na montanha, Sierra Nevada de Santa Marta. O SENHOR foi-me mostrando como esse homem era bem pobrezinho, não tinha o que comer. Tinha toda a sua plantação queimada, até as galinhas que tinha, vieram os da «guerrilha» e roubaram-nas.

E até o seu filho mais velho «a guerrilha» queriam levá-lo para a «servir». Este camponês desce para a aldeia para ir à Missa. O SENHOR fez-me colocar atenção, na oração dele, que rezava assim: «SENHOR, eu amo-TE!

Obrigado pela saúde, obrigado pelos meus filhos! Obrigado por tudo o que me dás! Louvado sejas! Glória a Ti!»

A oração dele era só louvor a DEUS e agradecimento! O SENHOR fez-me ver como, no bolso dele tinha uma nota de 5.000 pesos e uma de 10.000 pesos, e que era tudo o que ele tinha!

Sabem o que ele fez?...

Pôs a nota de 10.000 no ofertório!

Eu punha uma nota de 5.000 no ofertório, só, e quando me "empurravam" alguma nota falsa no consultório!

Mas ele dá não a de 5.000, mas sim a de 10.000, e essas duas notas era tudo o que ele tinha. E não estava mal-humorado, nem resmungando pela pobreza que tinha, mas sim agradecendo e louvando a DEUS!

Que exemplo, irmãos! Depois, quando saiu da igreja, foi comprar uma barra de açúcar em torrão; embrulharam a barra numa folha do jornal «O espectador», do dia anterior. Aí estava a notícia do meu acidente e a minha fotografia, onde eu aparecia toda queimada.

Quando esse homem vê essa notícia, conforme vai lendo, chora comovido; tanto, como se eu fosse alguém muito querida para ele, e prostrado, com o rosto por terra, aquele homem pede a DEUS com todo o seu coração, e diz: PAI, meu SENHOR, tem compaixão desta minha irmãzinha, salva-a, salva-a, SENHOR! Olha, SENHOR, se Tu a salvares, se Tu salvares a minha irmãzinha, eu prometo-Te que vou ao «Santuário de Buga» cumprir esta promessa, mas salva-a. Por favor, SENHOR, salva-a!

O Santuário Buga é uma pequena igreja onde se venera o Senhor dos Milagres, situada numa pequena aldeia com esse nome. Chamam-lhe o Santuário Buga por ser famoso pelos milagres e graças que recebe, quem ali se dirige com Fé.

Imaginem, aquele homem pobrezinho, que não estava maldizendo, nem resmungando por estar passando fome com a família, mas sim louvando e agradecendo a DEUS, e com uma capacidade de amor ao próximo, tão grande, que, apesar de não ter o que comer, era capaz de atravessar o país para pagar uma promessa por alguém que nem conhecia!

O SENHOR disse-me: **"esse é o verdadeiro amor ao próximo! É assim que deves amar ao próximo..."**

E, é aí, que me dá esta missão:

«Tu vais voltar, para dar o teu testemunho, e vais repetir, não 1000 vezes, mas sim 1000x1000. Ai daquele que ouvindo-te não mude, porque, será julgado com mais severidade, assim como o serás tu, no teu 2.º regresso. Os ungidos, que são os MEUS sacerdotes, ou qualquer um que não te der ouvidos, porque não há pior surdo que aquele que não quer ouvir, nem pior cego que aquele que não quer ver».

Isto, meus queridos irmãos, não é uma ameaça, pelo contrário!

O SENHOR não precisa ameaçar-nos!

Esta é a segunda oportunidade que eu tenho, e é para vocês também. Isto mostra que DEUS está enamorado por nós, e que está a colocar este espelho, à vossa frente, que sou eu, Glória Polo.

Porque DEUS não quer que nos condenemos, mas sim, que vivamos com ELE, no Paraíso!

Mas, para isso, temos que deixar-nos transformar por

ELE. Quando chegar a vossa hora de partir deste mundo, também lhes abrirá o "Livro da Vida" a cada um de vós, quando morrerem, e todos passarão por este momento, igual ao meu, tal como eu passei; ali, veremos tal qual estamos agora, com a diferença que vamos ver os nossos pensamentos e os nossos sentimentos, os nossos atos e suas consequências, aquilo que podíamos ter feito e não fizemos e as consequências disso, na Presença de DEUS.

Mas, o mais belo é que cada um verá o SENHOR frente a frente, pedindo-nos que nos convertamos, porque, até ao último momento, Ele pede-nos isso, para que de verdade comecemos a ser novas criaturas com ELE, porque sem ELE não poderemos!

Recuperação física

Quando o Senhor me devolveu, de imediato, os meus rins, que não funcionavam, nem me faziam diálises, porque não valia a pena, pois eu estava morrendo; mas, de repente, esses rins começaram a funcionar, os pulmões também, o meu coração volta a bater com força. Nem imaginam a surpresa dos médicos! Eu já não precisava das máquinas para nada!

Começou a minha recuperação, mas eu não sentia nada da cintura para baixo, e um mês depois os médicos diziam-me: olhe, Glória, Deus está a fazer um milagre consigo; porque até já tem pele fininha sobre todas as feridas. Mas pelas suas pernas não podemos fazer mais nada:"vamos ter que amputá-las!"

Quando me disseram isto; eu, que era desportista, lembrei-me... 4 horas de aeróbica diárias, para quê? ... eu só pensei em fugir dali, mas não consegui, porque as minhas pernas não aguentaram e caí.

Eu estava no 5.º andar, subiram-me para o 7.º para ficar aí até à operação, encontro uma senhora a quem já tinham amputado as pernas, mas a quem iam voltar a cortar, mais acima.

Quando a vi, pensei que nem o dinheiro todo do mundo era suficiente para comprar a maravilha que são as pernas.

Quando me dizem que mas vão cortar, eu senti muita tristeza! Nunca agradeci a Deus as minhas pernas, pelo contrário.

Eu, com a tendência que tinha para ser gordinha, aguentava fome como louca e gastava fortunas para estar elegante; e, agora, vejo as minhas pernas negras, queimadas, sem carne, mas pela primeira vez agradeço a Deus por ainda as ter.

Senhor, agradeço-te as minhas pernas, e peço o favor de mas deixares, para que eu possa caminhar.

"Por favor, Senhor, deixa-me as minhas pernas!"

E começo imediatamente a senti-las, estavam negríssimas, sem circulação, e, de sexta para segunda, quando os médicos chegaram, ficaram surpreendidos, porque estavam vermelhas, e a circulação tinha-se restaurado!

Os médicos, surpreendidíssimos, tocavam-me e não queriam acreditar.

Eu disse-lhes: doutor, as minhas pernas doem-me terrivelmente, mas acho que nunca houve ninguém tão feliz, por sentir dores nas pernas, como eu neste momento!

O médico do 7.º andar respondeu-me que nunca, em 38 anos de serviço, nunca vira um caso assim.

Outro dos milagres que Deus me fez, foram aos meus seios e aos meus ovários. O médico tinha-me dito que nunca poderia engravidar.

Eu até fiquei satisfeita, porque pensei que Deus me tinha dado um método natural para não engravidar. Mas, ano e meio depois, vejo que os meus seios começaram a crescer, a encher e a formarem-se.

Eu fico admiradíssima, e quando fui ao médico, ele disse-me que estava grávida!

E com esses seios amamentei a minha filha!!!...»

PARA DEUS NÃO HÁ IMPOSSÍVEIS!

Conclusão

Que o SENHOR vos abençoe a todos imensamente.
Glória a DEUS e Glória a Nosso SENHOR JESUS CRISTO.
Que DEUS vos abençoe!
Apresento-vos a minha filha. Esta menina é o milagre!
É a filha que DEUS me deu, com os ovários queimados!
O que para os médicos era totalmente impossível!
Mas, para Deus, nada é impossível!!!
Aqui está, e chama-se Maria José!...
(Cumprimentam a filha!)

COMO ADQUIRIR O LIVRO: "DA ILUSÃO À VERDADE"?

PEDIDO MÍNIMO: 10 EXEMPLARES.
FAVOR NÃO INSISTIR NA SOLICITAÇÃO DE QUANTIDADE INFERIOR A 10 EXEMPLARES.

ESTE E OUTROS TÍTULOS PODEM SER ADQUIRIDOS ATRAVÉS
www.graficaeeditoraamerica.com.br

Loja de Livros

ou pelo Fone: **(62) 3253-1307**

Gráfica e Editora
América

Av. C-233 Qd. 568 Lt. 28 Nova Suíça
Goiânia - Goiás - Brasil - CEP: 74290-040
Fone/Fax: 055 (62) 3253-1307
www.graficaeeditoraamerica.com.br

ÍNDICE

Introdução 13
TESTEMUNHO DE GLÓRIA POLO 14
O OUTRO MUNDO 16
O PRIMEIRO REGRESSO 18
    O Hospital 21
    Pedido de ajuda às almas do Purgatório 24
O MEU PAI E A MINHA MÃE 27
O MEU JULGAMENTO 30
    Aquela Voz Tão Linda 31
    Rezar pelos Sacerdotes 36
    Os Sacramentos 38
    O Matrimónio 39
4.º MANDAMENTO: HONRAR PAI E MÃE 44
SATANÁS E A SUA ESTRATÉGIA 48
AS MENTIRAS: CONFISSÕES MAL FEITAS 49
ABORTO DA AMIGA 55
    Perdi a virgindade aos 16 anos 57
    Aborto: O pecado mais grave 61
    Saí da igreja furiosa 63
    Maus conselhos 65
    Quantos filhos mortos carregamos 66
    Reparar o pecado 68
FALTA DE AMOR A DEUS 69
O SEXTO MANDAMENTO 71
NÃO ROUBAR 73
    Privar os filhos da atenção da mãe 75
    Levantar falsos testemunhos 77
    Caso da menina gorda 78
    Sobrinha queimada 79
AMAR AO PRÓXIMO 81
O LIVRO DA VIDA 82
OS TALENTOS 84
    O Senhor mostra-me os talentos 85
    Uma situação difícil 87
    Tesouros Espirituais 89
LIVRO DA VIDA 94
O REGRESSO 100
RECUPERAÇÃO FÍSICA 105
PARA DEUS NÃO HÁ IMPOSSÍVEIS 108
TESTEMUNHOS 110

Impresso nas Oficinas da
Gráfica e Editora América Ltda.

Av. C-233 Qd. 568 Lt. 28 Nova Suiça
Goiânia - Goiás - Brasil - CEP: 74290-040
Fone/Fax: 055 (62) 3253-1307
www.graficaeeditoraamerica.com.br